María José Borreguero Fígols

Las empresas tecnológicas en el entorno de los parques científicos

María José Borreguero Fígols

Las empresas tecnológicas en el entorno de los parques científicos

Taxonomía multidimensional

PUBLICIA

Impressum / Aviso legal
Bibliografische Information der Deutschen Nationalbibliothek: Die Deutsche Nationalbibliothek verzeichnet diese Publikation in der Deutschen Nationalbibliografie; detaillierte bibliografische Daten sind im Internet über http://dnb.d-nb.de abrufbar.

Información bibliográfica de la Deutsche Nationalbibliothek: La Deutsche Nationalbibliothek clasifica esta publicación en la Deutsche Nationalbibliografie; los datos bibliográficos detallados están disponibles en internet en http://dnb.d-nb.de.

Coverbild / Imagen de portada: www.ingimage.com

Verlag / Editorial:
PUBLICIA
ist ein Imprint der / es una marca de
OmniScriptum GmbH & Co. KG
Bahnhofstraße 28, 66111 Saarbrücken, Deutschland / Alemania
Email / Correo Electrónico: info@omniscriptum.com

Herstellung: siehe letzte Seite /
Publicado en: consulte la última página
ISBN: 978-3-8416-8247-5

Zugl. / Aprobado por: Barcelona, Universidad de Barcelona, Tesis Doctoral, 2015

A Gonzalo y Javier,
mis compañeros inseparables
en estos años de esfuerzo.

Mamá

AGRADECIMIENTOS

A pesar de que un objetivo claro dirigió la investigación, fueron muchas las dudas que surgiendo durante el desarrollo y las necesidades de la vida real que paralizaron frecuentemente el impulso inicial. Este prologo está dedicado a todas aquellas personas que me apoyaron y creyeron en mí en este largo proceso, especialmente mi directora de tesis la Dra. Esther Subirà. Su incansable soporte e interesantes conversaciones me permitieron redirigir mis esfuerzos sin perderme en este mar de datos y teorías. Valoro sobre todas las cosas su buena voluntad para ayudar incluso más allá del deber.

Su paciencia y honestidad, me han permitido convertir esa expresión de deseos en un documento en el que se ha podido identificar información teórica a partir de la cual definir hipótesis, comprobarlas a través de métodos estadísticos y construir un marco teórico de estudio que ayude a los investigadores a ordenar y clarificar los determinantes en el complejo entorno teórico del estudio del comportamiento innovador de las empresas.

Quiero dar un especial agradecimiento al Dr. Francisco Solé Parellada y la Dra. Itxaso del Palacio, su amplia experiencia, conocimiento en el área y sinceros comentarios me reencaminaron en algunos momentos de estancamiento en el proceso. También agradezco las valiosas aportaciones de Mercè Bernardo, del departamento de Economía y Organización de empresas de la UB, sus claras indicaciones de gran valor, aportaron concreción a la interpretación de los resultados. Y a todas aquellas personas que con sus comentarios han dejado una huella indeleble en este trabajo les envío mi más profundo agradecimiento, a su aporte personal desinteresado.

Y como punto final y por ello el más importante, agradezco a mis amigos y especialmente a mis hijos Javier y Gonzalo todo el apoyo que me han dado en este largo periodo, no exento de sacrificios y dudas.

Barcelona, Septiembre 2015

SUMARIO

El punto de partida de este trabajo de tesis ha sido determinar si el perfil innovador de la empresa marca el tipo de parque científico al que pertenece. El planteamiento del estudio ha presentado una dificultad asociada principalmente a la falta de consenso en el área académica sobre la idoneidad de los indicadores utilizados hasta la fecha y la metodología a seguir. Este hecho ha requerido la realización de un trabajo previo de identificación de variables, y selección de indicadores, avalados en estudios empíricos ya realizados.

Fue interesante conocer en profundidad los enfoques teóricos planteados, sobre el complejo tema de la innovación en las empresas por los autores referentes en esta área de conocimiento. La dispersión de los datos es considerable y son pocas las teorías que han obtenido un respaldo generalizado. Destacamos la aceptación de la teoría de la innovación de Schumpeter a pesar de que en la literatura se destaca que es una primera aproximación que hay que refinar.

En el estudio realizado se reconoce la complejidad y el carácter dinámico del proceso innovador por lo que hemos dirigido el esfuerzo investigador tanto a la formulación de hipótesis como al estudio de los elementos exploratorios. Las hipótesis formuladas han derivado de la teoría pero también del trabajo de investigación de campo. Analizamos una muestra de 132 empresas que forman parte de los tres principales parques científicos-tecnológicos de Cataluña. En base al análisis estadístico de esta muestra se han podido demostrar empíricamente las hipótesis y las preguntas exploratorias que han permitido elaborar las correspondientes conclusiones.

El proceso aplicado en la selección de la metodología a seguir en parte fue racional, basándonos en evidencias teóricas y estudios publicados pero en parte también intuitivo, resultado de un proceso de prueba y error. Durante el desarrollo del trabajo de tesis se han planteado en varias ocasiones dudas sobre la posibilidad de incorporar otras herramientas estadísticas que pudieran matizar los resultados aportando mayor información sobre otros aspectos relacionados. Sin embargo, una vez valorados se ha desestimado la incorporación de estos estudios en el trabajo final por considerar que no aportaban información adicional de valor para la demostración de las hipótesis planteadas y preguntas exploratorias. La metodología seleccionada es el análisis factorial multivariante a través del método de componentes principales, y el análisis estadístico discriminante.

Los resultados de este estudio han sido múltiples. En una primera etapa se identificaron las variables subyacentes explicativas para agrupar en constructo los determinantes de la innovación seleccionados. En la representación de la muestra en base a estas variables latentes identificadas se observó que la distribución de la muestra no era uniforme. Este hecho nos llevó a considerar la idoneidad de realizar un análisis discriminante con el objetivo de confirmar la relación positiva entre tipo de parque científico y perfil innovador de la empresa.

El estudio discriminante nos aportó también información relevante sobre el efecto de la innovación sobre el *business performance* de la empresa y nos permitió definir una clasificación taxonómica de las empresas en función de su comportamiento innovador.

La voluntad de este estudio ha sido realizar aportes teóricos en las áreas de identificación de modelos explicativos sencillos que permitan explicar el comportamiento innovador de las empresas en función de variables latentes explicativas y en segundo lugar aporta un modelo que permita realizar una clasificación taxonómica de las empresas innovadoras.

El estudio estadístico realizado sobre la muestra de empresas que forman parte de los parques científicos presenta un efecto predictivo y puede ser utilizado en investigaciones futuras. Investigadores, empresas, administradores de parques científicos y estadistas pueden beneficiarse de los resultados de esta investigación.

Keywords

Science Parks, Technologic Parks, Triple Hélix, High Technology Firms, University, spin offs, NTBF, incumbent firms, Schumpenter's model, factorial analysis, discriminant analysis, determinants of innovation.

INDICE

Lista de abreviaciones

NTBF: *New Technology Based Firm*

SME: *Small Medium Enterprise*

SP : *Science Park*

PYME : Pequeña y Mediana empresa

SNI: Sistema Nacional de Innovación

PT : Parque Tecnológico

PC : Parque Científico

PTV : Parc Tecnològic Vallès

PCB : Parc Científic Barcelona

PR UAB : Parc recerca Universitat Autònoma de Barcelona

Listado de figuras

Listado de tablas

1. INTRODUCCIÓN

El objetivo de esta investigación es aportar un marco teórico para el estudio del comportamiento innovador de las empresas que forman parte de los parques científicos, para ellos nos fijamos los siguientes objetivos.

1.1. Objetivos

Objetivos principales

(1) Identificar las variables subyacentes que agrupan los determinantes del comportamiento innovador de las empresas, creando un conjunto de constructos que nos permitan reducir el número de variables observable asociadas y mejorar la interpretación del proceso.
(2) Aportar un marco teórico que permita explicar, en base al comportamiento innovador, el universo de empresas tecnológicas que forman parte del entorno de los parques científicos.
(3) Identificar los factores discriminantes que nos permitirán realizar una clasificación taxonómica de las empresas en función de su comportamiento innovador.

Objetivos secundarios

(1) Identificar las principales teorías/modelos que explican la dinámica del proceso de innovación.
(2) Aportar una herramienta para el *benchmarking* y estudio del desempeño y evolución de los parques científicos.

1.2. Preguntas de investigación

En base a los objetivos fijados definimos las preguntas de investigación que nos ayudaran a enfocar las hipótesis.

(1) ¿Podemos agrupar las variables identificadas en la literatura como factores que determinan el comportamiento innovador de las empresas, en un número limitado de variables subyacentes que nos permitan obtener un modelo simplificado del comportamiento innovador de las empresas?

(2) ¿Qué poder de discriminación tienen las variables Facturación, Número de empleados, Total de activos, Fondos propios, Resultados antes de impuestos, Antigüedad, y Sector, variables asociadas al comportamiento innovador de la empresa, en la predicción de pertenencia de una empresa a un tipo de parque científico?

1.3. Estructura de la tesis

La presente tesis se estructura en cuatro bloques subdivididos en capítulos. El primero corresponde a la introducción, donde se plantean las consideraciones de partida, los objetivos y preguntas de investigación. El segundo bloque corresponde a la revisión de la literatura y el marco teórico de la investigación, donde nos aproximaremos al objeto del estudio, identificando las principales contribuciones realizadas en los diferentes trabajos de investigación.

El capítulo dos analiza el concepto económico de innovación a través de la teoría de Schumpeter y el modelo de la Triple Hélix, e introducimos el papel que juega la universidad en este modelo de innovación. En el capítulo tres desarrollamos el concepto de parque científico como organismo de interface dentro del modelo de la Triple Helix III y describimos las características diferenciales de las empresas que forman parte de los parques científicos y el concepto de *spin off*. En este capítulo hemos identificado los estudios realizados hasta la fecha, dirigidos a demostrar la eficacia del modelo de innovación sobre el que se apoya el concepto de parques científicos y los modelos utilizados para valorar su *performance*.

El cuarto capítulo se centra en el concepto de innovación organizacional, identificando las diferentes tipologías de empresas innovadoras tipificadas en la literatura y los modelos de valoración del *performance* innovador de estas empresas. En este capítulo se ha realizado una revisión bibliográfica de los indicadores utilizados como determinantes del comportamiento innovador de las empresas.

El tercer bloque corresponde al trabajo empírico desarrollado en el capítulo cinco, dividido en seis apartados. Los dos primeros corresponden a la revisión de la literatura y presentación de las hipótesis, así como aspectos exploratorios del estudio. El tercero presenta la metodología, el proceso de selección de la muestra, la identificación y validación de las variables, y el proceso de recogida de datos. Los tres últimos apartados corresponden al procesamiento de los datos y presentación de los resultados.

Durante las fases iniciales de esta investigación se hizo evidente que la complejidad de investigación residía en ser capaces de identificar, en el universo de indicadores referenciados en la literatura como determinantes de la innovación, aquellos que mejor reflejaran el comportamiento de las empresas. Para reducir el número de variables y simplificar la interpretación se ha utilizado el método estadístico de análisis factorial que nos ha permitido identificar dos variables subyacentes explicativas. En base a los resultados obtenidos se ha realizado un análisis discriminante, obteniendo dos funciones discriminantes que nos han permitido realizar una clasificación taxonómica de las empresas en función de su comportamiento innovador.

El cuarto y último bloque incluye el capítulo sexto donde se realiza la discusión de los resultados obtenidos en el trabajo empírico y la demostración de las hipótesis y de los elementos exploratorios. En el capítulo siete se resumen las conclusiones del trabajo de tesis, describiendo la originalidad del estudio y sus limitaciones y proponiendo líneas futuras de investigación. El trabajo se complementa con un apartado de bibliografía de referencia.

2. EL CONCEPTO ECONÓMICO DE INNOVACIÓN

2.1. El concepto de innovación según Schumpeter

Una de las áreas de conocimiento de mayor relevancia en la economía moderna y que ha obtenido la atención de importantes investigadores, es el concepto de innovación y los determinantes que marcan el comportamiento innovador dentro de la empresa. Uno de los primeros autores que trataron el tema y que ha sido punto de referencia es Joseph Schumpeter. Según este autor, la innovación representa la fuerza directora del desarrollo económico, ya que el proceso innovador, a través de los emprendedores capitalistas, asegura la creación de un ciclo económico que genera un proceso de expansión económica (J A Schumpeter, 1934).

Schumpeter definió innovación como una fluctuación que se origina en el comportamiento de las comunidades económicas y que por lo tanto es observable aun cuando no varíe el marco natural e institucional de la sociedad. Hay que destacar que no se observarían ciclos económicos en un mundo económico solo basado en la producción y el consumo, los cambios industriales ocurren debido al efecto de factores externos, ya sea elementos de desarrollo no-cíclicos o innovaciones. Cualquiera que sea la causa que desvíe el sistema económico del equilibrio siempre origina fenómenos secundarios, uno de los principales es generado por los propios empresarios que adoptarán decisiones según el ritmo de variación que observan. En este modelo hay que considerar que el verdadero emprendedor comporta tanto una creación de riqueza privada como de beneficios sociales (Shane & Venkataraman, 2000).

Este concepto primigenio de innovación ha ido evolucionando pero se mantiene la idea fundamental, la innovación permite a las empresas desarrollar y mantener una ventaja competitiva y entrar en nuevos mercados, y es uno de los principales factores subyacentes de la competitividad y productividad internacional de los países.

Según (Hagedoorn, 1996) la definición realizada por Schumpeter de innovación como una "nueva combinación" que incluye tanto aspectos técnicos, como de *marketing* y organizacionales es demasiado amplia. Este autor propone, que se debe concretar realizando una separación preliminar de los elementos asociados a la estructura organizacional y de mercado e identifica dos tipos de innovación. La primera se limita a nuevos productos y la segunda a los procesos o métodos de producción. Esta innovación técnica se separaría de la innovación organizacional y de los cambios en la estructura de mercado, aunque es obvio que ambos fenómenos están relacionados y se influencian mutuamente.

Hay que tener en cuenta que la definición de innovación realizada por (J A Schumpeter, 1934) se refiere a cambios de gran impacto en los sectores industriales y en el mercado, resultando los cambios tecnológicos basados en rutinas existentes irrelevantes. A través de esta aproximación realiza una primera clasificación entre innovación radical e incremental. Teorías posteriores (Dosi, Freeman, & Silverberg, 1988), (Cohen & Levinthal, 1989) y (Dodgson, 1993) han complementado esta idea teniendo en consideración la capacidad de aprendizaje organizacional, el proceso de acumulación de conocimiento en las empresas, la interacción con el entorno y las dinámicas organizaciones en el proceso de generación de conocimiento.

Schumpeter introdujo el concepto de la entrada al mercado de estas actividades innovadoras, e identificó dos patrones principales. El primer modelo propuesto en *The theory of economic development* (J A Schumpeter, 1934), se caracteriza por la "destrucción creativa". En este modelo se observan barreras pequeñas de entrada y el papel principal lo juegan los emprendedores y las nuevas empresas innovadoras. Se observa una continua entrada de nuevos competidores en el mercado, desgastando las ventajas tecnológicas y competitivas de las empresas establecidas El segundo modelo de comportamiento innovador, se propuso en *"Capitalism, socialism and democracy"* (Joseph A Schumpeter, 1942), en este modelo el papel fundamental lo juegan las grandes empresas y se caracteriza por una "acumulación creativa" con la prevalencia de las grandes empresas establecidas (*incumbent firms*) y la presencia de barreras relevantes a la entrada de nuevos innovadores. En este modelo, el mercado está dominado por pocas empresas que están continuamente innovando a través de la acumulación en el tiempo de capacidades tecnológicas e innovadoras.

Tal como comentamos anteriormente, Las bases de la teoría de la innovación de Schumpeter se sustentan en el modelo de los ciclos económicos. Los ciclos se generan por la continua adaptación a los pequeños cambios externos que las empresas absorben a través de las rutinas. El modelo de Schumpeter es un sistema en continuo movimiento que nunca alcanza el equilibrio. Este concepto llevó a (Dosi et al., 1988) a definir el término de paradigma tecnológico, entendido como el uso de rutinas preestablecidas en la solución de problemas. Estas rutinas indican donde asignar los recursos y ayuda a identificar "puntos ciegos" a evitar, imponiendo estructuras asociadas a la actividad normal de solución de problemas. Estos paradigmas tecnológicos están relacionados con las capacidades dinámicas de la empresa, de tal forma que la percepción de oportunidades y amenazas la lleva a cabo el emprendedor utilizando procesos y estructuras predeterminados dentro de la empresa (D. Teece, 2008). La teoría de las capacidades dinámicas (Penrose & Best, 1999) acepta que muchas de estas actividades tienen lugar dentro de este paradigma. Cabe destacar que los paradigmas aportan confort y son los responsables de la mayoría de las innovaciones que ocurren, sin embargo, las soluciones disruptivas a un problema, generalmente, se generan fuera.

Los paradigmas tecnológicos nos permiten explicar cómo se llevan a cabo los procesos de innovación incremental en las empresas ya establecidas. Sin embargo, las empresas que deseen diferenciarse y alcanzar el grado de excelencia, deberán aumentar su nivel de innovación, llevando a cabo actividades más radicales y emprendedoras que transciendan las actuales actividades productivas y comerciales (Hagedoorn, 1996).

2.2. El modelo de la Triple Helix

La universidad, la industria y el gobierno se han identificado como las instituciones primarias que desempeñan un propósito central en la sociedad y en los sistemas de innovación. La industria y el gobierno han sido siempre instituciones fundamentales en la sociedad moderna. La universidad, sin embargo, ha sido elevada a un estatus equivalente recientemente, en sociedades basadas en el conocimiento. En este entorno, la Triple Helix III es un modelo analítico de agregación que describe la variedad de acuerdos institucionales y modelos políticos, y explica sus dinámicas (Etzkowitz et al., 2000).

Cabe destacar que el modelo de Triple Helix III no es un concepto nuevo, en cierta forma se considera la reanudación de las relaciones ya presentes en el inicio de la ciencia moderna, ya que implica no sólo la relación entre universidad, industria y gobierno, sino también las transformaciones internas dentro de cada una de estas esferas. La universidad ha pasado de ser una institución docente y jugar un papel secundario, convertirse en un organismo que combina la enseñanza, la investigación y la función emprendedora.

Esta dinámica innovadora crea un proceso de negociación cada vez más complejo y dinámico, donde los actores institucionales cambian con la interacción y se crean redes trilaterales y organizaciones híbridas para resolver cuestiones sociales y económicas. En esta nueva dinámica el estrato institucional (gobierno) debe ser el mecanismo de retención de un sistema en desarrollo, pero hay que tener en cuenta que los acuerdos entre industria y gobierno no se realizan exclusivamente entre gobiernos nacionales y sectores industriales específicos, y los gobiernos pueden actuar a nivel nacional, regional y cada vez más a nivel internacional.

En la dinámica de interacción entre universidades, gobiernos e industria, las comunicaciones y procesos de negociación generan sobreposiciones (interfaces) que reorganizan constantemente las disposiciones básicas, dando lugar a innovaciones organizativas, nuevos acuerdos sociales y nuevos canales de interacción. En este proceso surgen nuevas entidades que intervienen de forma activa en el proceso de innovación. Estas nuevas entidades se han convertido en fuentes de actividad económica, formación e intercambio internacional (Etzkowitz & Leydesdorff, 2000), (Leydesdorff, 2000) (Leydesdorff, 2006).

Evolución del modelo de la Triple Helix

Históricamente podemos distinguir dos niveles de desarrollo del modelo Triple hélix, en una primera etapa se desarrollaron los modelos Helix 1 - *Statist model* y Helix 2 - *Laissez faire*, con la característica compartida de que uno de los actores actuaba como eje director de la innovación. En una segunda etapa, estos dos modelos evolucionaron a un modelo de triple hélix en el que las tres esferas interactúan de forma activa: la universidad, la empresa y el gobierno (Etzkowitz & Leydesdorff, 2000).

Helix 1: Statist model

En esta configuración el estado de la nación abarca a la universidad y la industria y dirige las relaciones entre ellas. El gobierno es la esfera institucional dominante, la industria y la universidad forman parte básicamente del estado. En esta situación, cuando se organizan relaciones entre las diferentes esferas, el gobierno es quien juega el papel de coordinador.

En este modelo se espera que el gobierno tome el papel de líder en la coordinación y financiación de nuevas iniciativas. La industria y la universidad se perciben como esferas institucionales relativamente débiles que requieren de una fuerte orientación y control.

La idea básica del *Statist model* es que el país debe guardar su industria local tecnológica separada del resto del mundo, seleccionado el estado aquellas empresas a financiar para convertirlas en líderes nacionales. En este modelo, el papel que la universidad juega es el del organismo que provee personas formadas para trabajar en las otras esferas, puede realizar investigación, pero no se espera juegue un papel directo en el proceso de creación de empresas (Leydesdorff & Etzkowitz, 2003).

Cabría esperar que en esta dinámica se facilitara la transferencia de tecnología, sin embargo, en la práctica, encontramos todavía obstáculos mayores que en los sistemas con una relación menos regulada entre investigadores y usuarios de tecnología. La agencias gubernamentales que apoyan la investigación son las que determinan qué áreas potenciales de I+D pueden resultar más útiles a las empresas y no siempre cuentan con los suficientes datos y perspectiva de futuro (Seidl & W., 1999).

Un modelo para este tipo de relación lo aportó el físico argentino Jorge Sabato, donde proponía un modelo de desarrollo *top-down,* en el que el gobierno debía coordinar la industria y la universidad en sus relaciones internas y externas, hiendo más allá del modelo tradicional para promover el desarrollo tecnológico. La coordinación de cada esfera por el gobierno se realizaba de forma independiente (Sabato & Mackenzi, 1982).

Figura 2.1. **Modelo Helix I – *Statist model***

Elaboración: propia

Una versión pura de este modelo se pudo observar en la antigua URSS y países de Europa del Este bajo el sistema socialista. En el modelo socialista soviético, las universidades y la industria formaban parte de una misma esfera institucional bajo la tutela del gobierno. Versiones *soft* las podemos encontrar en países Latinoamericanos y en algunos países europeos tal como Noruega.

Para evolucionar del *statist model,* en el que la universidad y la industria están controladas por el gobierno, al modelo Triple Helix III, el primer paso es la pérdida del control *top-down*. Cuando las personas pueden conjuntamente crear ideas y fluyen libremente hay una vía abierta para la innovación *bottom-up* y la creación de un modelo triple Helix III.

Helix 2: "Laissez-faire" model

La alternativa opuesta al modelo *statist* es el modelo *laissez-faire*. Este segundo modelo consiste en esferas institucionales separadas con fuertes fronteras y con relaciones altamente circunscritas (MacLane, 1996). En realidad las esferas se encuentran incluso más cerradas que el modelo Helix 1. En este modelo la industria ocupa el lugar de la fuerza directora dirigiendo a la universidad y al gobierno (Etzkowitz & Leydesdorff, 2000).

En el modelo *laissez-faire,* la universidad es proveedora de investigación básica y de personal formado. Su papel en conexión con la industria es suministrar conocimiento, principalmente, en la forma de publicaciones y graduados. Es función de la industria localizar conocimiento útil en las universidades sin esperar recibir asistencia. El papel que debe jugar el gobierno, se espera, se limite sólo a la regulación, tan pequeña como sea posible, y a la compra de productos para uso propio cuando el mercado no tiene actividad. Una excepción típica es el sector militar, donde se aceptan relaciones más estrechas entre industria y gobierno, y donde la industria y la universidad juegan un papel significativo dentro de la coordinación del estado.

Figura 2.2. **Modelo Helix II – *Laissez-faire***

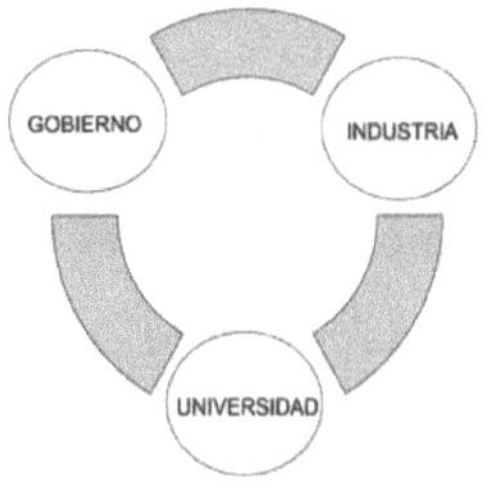

Elaboración: propia

Cuando existen interacciones entre las esferas, se realizan a través de fronteras bien definidas y preferiblemente a través de intermediarios. Se espera que las interacciones entre universidad e industria sean limitadas. Por ejemplo en USA, antes de que las universidades se involucraran directamente en patentar la investigación, había una organización sin ánimo de lucro independiente, la cual identificaba la investigación patentable y la licenciaba a empresas (Leydesdorff & Etzkowitz, 2003).

En el modelo *laissez-faire,* hay una presunción muy fuerte de individualismo. Una nueva empresa se crea por un emprendedor individual y no por un grupo. Las empresas se espera estén conducidas por un individuo al que se le da importancia y atención, y de forma justificada o no, se atribuye el éxito de la organización casi enteramente a la persona que la dirige. Esta alta promoción social tiende a valorar, la figura del emprendedor mientras que minimiza e incluso denigra el papel del gobierno.

El sistema nacional de innovación (SNI), se puede considerar un caso especial de Helix 2, en el que se considera que las empresas lideran la innovación (Lundvall, 1988). La industria, en función de sectores, mantiene trayectorias de desarrollo a largo plazo. El conocimiento se encuentra encapsulado dentro de las empresas y mucho de este conocimiento es tácito y está directamente ligado a los procesos de producción. Una parte importante de la innovación ocurre a través del proceso de *learning-by-doing* más que a través de procesos de investigación formal. La investigación es específica para cada empresa, pero a medida que el objetivo se hace más ambicioso, aparecen nuevos acuerdos empresariales e incorporan elementos de otras esferas institucionales (Lundvall, 1992). En el desarrollo de nuevos productos, el gobierno y la universidad juegan solo el papel de respaldo, la industria se considera la esfera institucional primaria.

El modelo Laissez-faire o Helix 2 evolucionó hacia un modelo de Triple Hélix III como respuesta a la creciente competencia internacional que obligó a un replanteamiento de las relaciones. Al principio, cuando el gobierno empezó a jugar más de un papel, lo hizo indirectamente, por ejemplo en USA, durante la recesión de la década de los 70, el estado cedió los derechos de la propiedad intelectual surgida de la investigación con fondos estatales a las universidades, con la condición de que las universidades transfirieran estos derechos a la industria y mejorar el nivel tecnológico [1]. Esta fue una política industrial indirecta, una acción por parte del gobierno para apoyar a la industria a través de las universidades. La consecuencia directa fue un crecimiento continuado del número de patentes y licencias registradas por las universidades americanas durante los años 80 y 90, y fue un primer paso para acercar las esferas institucionales iniciando la creación de una inminente Triple Helix III (Mowery DC Sampat BN, Ziedonis AA, 2001).

1 Ley Bayh-Dole 1980

Triple Helix III

Al evolucionar estos modelos, surgen un nuevo conjunto de interacciones que tienden hacia la convergencia de los regímenes de innovación. La creciente interacción entre Universidad-Industria-Gobierno como socios igualitarios, y el desarrollo de nuevas estrategias y prácticas de innovación que han surgido de esta colaboración, son el *core* del modelo de desarrollo social y económico Triple Hélix III. (Etzkowitz et al., 2000).

Figura 2.3. **Modelo Triple Helix III**

Fuente: (Etzkowitz, 2001)
Elaboración: Propia

La existencia de una sociedad civil, con habilidad para organizarse libremente, debatir y tomar iniciativas con independencia del estado, es la base para un modelo de Triple Hélix III. Este modelo, se convierte, entonces, en una plataforma para la formación de instituciones y la creación de nuevos formatos organizacionales que promueven la innovación, tales como las incubadoras de empresas, parques científicos y empresas de capital riesgo. Estas nuevas organizaciones han aparecido de la interacción entre las tres esferas para promover la innovación.

Tabla 2.1. **Funciones de los organismos en los modelos Triple Helix**

	Modelo de Sábato (Triple Helix I)	Modelo *Laissez-faire* (Triple Helix II)	Modelo Triple Helix (Triple Helix III)
Universidad	El papel fundamental de la universidad es proveer personas formadas a las otras esferas. Realiza investigación básica y aplicada principalmente en las áreas medicas y militar	El papel fundamental de la universidad es proveer personas formadas a las otras esferas. Realiza investigación básica y sirve de apoyo a la industria. La industria y la universidad se relacionan a través de un intermediario.	La universidad continua realzando su papel formador y de divulgación del conocimiento. Se refuerza su función investigadora, ganando recursos adicionales que provienen de la industria y el gobierno. Aparece una nueva función emprendedora, asociada a la creación de empresas tecnológicas
Industria	La industria se encuentra bajo la tutela del gobierno	La industria lidera la innovación. Las trayectorias de desarrollo las marca la industria. La investigación principalmente se realiza en la empresa.	Produce bienes, realiza investigación, pero cada vez interviene más en la divulgación del conocimiento dejando de estar "encapsulado". Provee formación de alto nivel en sus áras especiales de conocimiento.
Gobierno	El gobierno juega el papel líder en la relación universidad-industria-estado. La mayores industrias tecnológicas y las universidades son criaturas del estado. Las trayectorias de desarrollo las marca el estado.	El gobierno juega solo un papel de respaldo a la industria, se espera se limite sólo a la regulación, tan pequeña como sea posible y en la reactivación del mercado. Excepción: el sector militar, donde existen relaciones más estrechas entre industria y gobierno	El gobierno aporta las reglas del juego, y alienta pero no controla la creación de nuevas organizaciones híbridas y aporta capital-riesgo para la creación de nuevas empresas.

Elaboración: Propia

Formación de una Triple Helix III

Aunque la Triple Hélix III implica un formato común de innovación, el camino tiene diferentes puntos de partida. El modelo de Triple Hélix de equivalencia y sobreposición de las esferas institucionales empieza a partir de dos puntos de partida contrapuestos:

(1) *Statist model* donde el gobierno tiene control sobre la universidad y la industria (modelo Hélix I).

(2) Modelo *laissez-faire* donde la industria dirige el proceso innovador (modelo Hélix II).

Figura 2.4. **Evolución del modelo de Triple Helix**

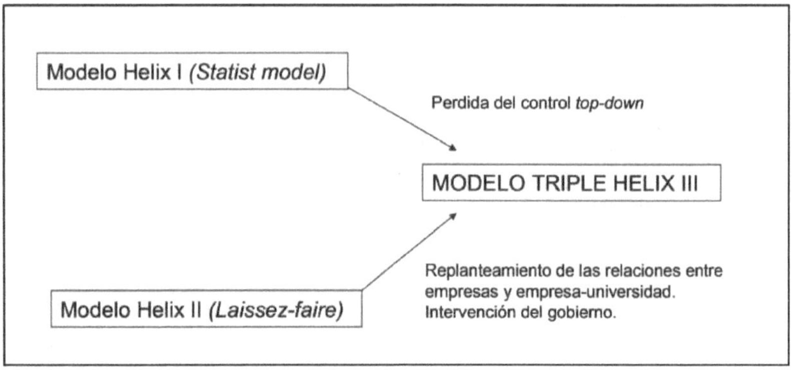

Elaboración: propia

El primer paso hacia la creación de una Triple Hélix es la colaboración entre las esferas institucionales involucradas en la innovación a través de sus funciones tradicionales. En la medida que la universidad, la industria y el gobierno interactúan más intensamente, la localización social de la investigación y la forma en la que se lleva a la práctica se ven también afectadas, y se crean nuevas organizaciones híbridas en la interface de estos tres organismos para estimular la innovación,.

Cada esfera institucional llena vacíos dentro de esta estructura de la Triple Hélix con *inputs* provenientes de otras, estando cada vez más interrelacionadas. Por ejemplo se forman consorcios para desarrollar nuevas tecnologías que pueden incluir, unidades de investigación de empresas, departamentos de universidades y laboratorios gubernamentales (Leydesdorff & Meyer, 1984).

El siguiente paso para el desarrollo de la Triple Hélix, es que cada esfera, además de llevar a cabo sus funciones tradicionales tome el papel de los otros. El mensaje del modelo Triple Hélix III no es que las universidades se conviertan en empresas o los gobiernos en negocios, sino que cada uno asuma algunas de la capacidades de los otros manteniendo su función primaria y su identidad distintiva. Cada esfera institucional se convierte en una fuente creativa de innovación y apoya la creatividad que emerge de las otras.

En la medida que la universidad, la industria y el gobierno interactúan más intensamente, la localización social de la investigación y la forma en la que se lleva a la práctica se ven también afectadas. Organizaciones híbridas, tales como los centros cooperativos de investigación, alianzas estratégicas e incubadoras de empresas, se crean en la interface para estimular la innovación.

En este nuevo esquema las universidades continúan cumpliendo su función fundamental que es la formación de los jóvenes y la divulgación del conocimiento aunque también ejerza algunas funciones del gobierno y del mundo de los negocio, de igual forma el gobierno como último garante de las reglas del juego social, y la industria como fuente primaria de actividades productivas. El sector industrial continúa produciendo bienes y servicios, y también lleva a cabo investigación, pero adicionalmente, cada vez más provee formación a alto nivel, como se puede observar en el hecho de que algunas grandes compañías tienen sus propias universidades, al menos, en su área especial de conocimiento. El gobierno es responsable de aportar las reglas del juego, pero también aporta capital riesgo para el desarrollo de nuevas empresas" (Etzkowitz & Zhou, 2006).

El proceso de creación de una Triple Helix III queda representado en el siguiente esquema:

Figura 2.5. **Proceso de creación de una Triple Helix III**

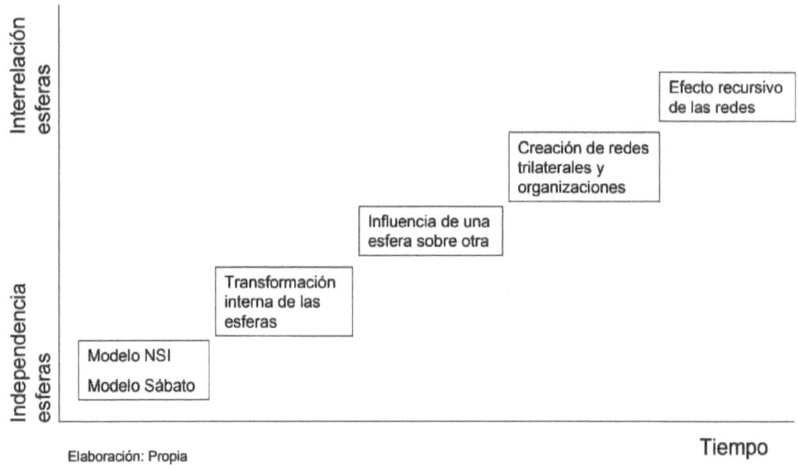

Elaboración: Propia

La dinámica de la Triple Hélix

En contraste con una doble hélix, o una coevolución entre dos dinámicas, una triple hélix no se supone estable. No se puede utilizar el paralelismo con la triple hélix biológica ya que la teoría de la evolución biológica asume que la variación esta conducida por una selección realizada por la naturaleza, mientras que la evolución cultural, esta conducida por individuos y grupos que toman decisiones conscientes pero también por la aparición de consecuencias no intencionadas (involuntarias). En una Triple Hélix en la que cada ramal puede relacionarse libremente con los otros dos, podemos esperar desarrollar sobreposiciones en las comunicaciones y organizaciones entre las hélices (Leydesdorff, 2000).

El modelo de la Triple Hélix intenta captar esta interrelación entre Universidad-Industria-Gobierno, conceptualizándolas como espirales entrelazadas. Las espirales rara vez son iguales, una de ellas usualmente sirve como fuerza motriz, "organizador de la innovación" alrededor del cual los otros giran. La institución que actúa como el centro (*core)* de la espiral cambia en el tiempo y una espiral remplaza a otra como fuerza directora en la configuración de Triple Helix (Etzkowitz & Zhou, 2006).

Figura 2.6. **Dinámica de la Triple Helix**

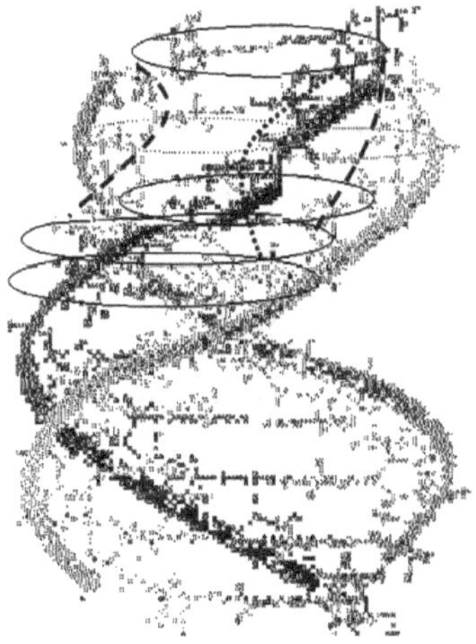

Fuente: (Etzkowitz & Leydesdorff, 2000)

La Triple Hélix provee una estructura flexible para guiar el desarrollo social y económico basado en el conocimiento. La innovación se convierte en una transición sin fin y en una serie de iniciativas endógenas, a lo largo de las esferas institucionales. Esta red de relaciones genera subdinámicas reflexivas de intenciones, estrategias y proyectos que aportan valor al modelo a través de la reorganización y armonización continua de las infraestructuras subyacentes.

Las hélices se van transformando bajo la presión del entorno cambiante. Cuando la interacción entre dos hélices es más intensa esta coevolución puede llevar a una estabilización a lo largo de una trayectoria *lock-in*. Si es algo más de una simple interface lo que se estabiliza, se puede esperar la formación de un régimen globalizado (Leydesdorff, 2001).

La hipótesis de la Triple Hélix propone que este sistema se debe mantener en transición continua, aportando una dinámica competitiva para el desarrollo de la tecnología en una economía global, con continuas invenciones de nuevos roles y aparición de nuevas relaciones.

El modelo explica porque las tensiones no necesitan ser resueltas. Una resolución puede impedir o dificultar las dinámicas de un sistema que vive de las perturbaciones e interacciones entre los subsistemas. Las fuentes de innovación en una Triple Hélix no están sincronizadas a priori, no encajan en un orden predeterminado, sino que generan enigmas por resolver a los participantes, analistas y políticos. Esta red de relaciones genera subdinámicas reflexivas de intenciones, estrategias y proyectos que dan un valor añadido a través de su reorganización y armonización dirigidas a unos objetivos. No solo las instituciones en sí mismas se transforman, sino también sus mecanismos de interrelación.

Las fuerzas directoras de las interacciones se orientan según los beneficios esperados, teniendo en cuenta que el concepto beneficios puede tener distintos significados para los diferentes actores involucrados. Este modelo fundamentado en términos de expectativas deja lugar a la incertidumbre y a cambios de procesos, teniendo en cuenta que una innovación exitosa también cambia el paisaje.

Hay que tener en cuenta, sin embargo, que este sistema "no está en el aire", está arraigado en una cultura, y el mecanismo de retención no está determinado sino "en movimiento". El prerrequisito para que el modelo de Triple Hélix sea viable es una sociedad democrática libre y abierta (Etzkowitz & Leydesdorff, 2000).

2.3. El papel de la universidad emprendedora

El tradicional concepto de emprendedor típicamente presume que es una persona individual, sin embargo, los emprendedores individuales tienen su contraparte colectiva en grupos y organizaciones que llevan a cabo iniciativas emprendedoras. Tal como indica (J A Schumpeter, 1949) la función empresarial no necesariamente tiene que ser llevada a cabo por una persona física. En la tesis de la Triple Helix III se supone que el modelo del emprendedor de Schumpeter se ha extendido más allá de la esfera de los negocios alcanzado a la Universidad al actuar como emprendedores colectivos, siendo la interacción Universidad-Industria-Gobierno la clave para mejorar las condiciones para la innovación en una sociedad basada en el conocimiento (Etzkowitz, Webster, Gebhardt, & Cantisano, 2000)

El entorno de la universidad es un lugar propicio para la innovación debido tanto a sus características básicas como al continuo flujo de capital humano.

La universidad es una incubadora natural que provee estructura de soporte para nuevos emprendimientos a disposición de profesores y estudiantes, y un potencial semillero para nuevos campos científicos interdisciplinares y nuevos sectores industriales.

Cabe destacar que el modelo de innovación que prevalece en la universidad se basa en la investigación clásica universitaria y corresponde a modelo lineal puro, en el cual los conocimientos fluyen a la sociedad a través de los alumnos, publicaciones y conferencias como producción primaria. Dentro del esquema de la Triple Helix III el modelo lineal puro ha evolucionado a un modelo lineal asistido basado en la comercialización de la tecnología generada en las universidades, ya sea a través de la creación de nuevas empresas basadas en el conocimiento (*spin offs*) o a la comercialización de patentes y servicios de consultoría a las compañías tanto nacionales como internacionales. En este entorno, la universidad se ha marcado un nuevo objetivo, realizar descubrimientos en el laboratorio académico y convertirlos en productos comercializables (Etzkowitz, 2003b).

El descubrimiento académico se ha redefinido y ha pasado de ser libre a ser un bien negociable y tratado como una propiedad intelectual. La tradicional forma de divulgación, a través de la publicación en revistas académicas y la presentación de artículos científicos y conferencias, continua vigente pero bajo unas nuevas condiciones. El *limited secrecy* se ha convertido en un punto clave, la publicación se atrasa para obtener tiempo de patentar.

Dentro del concepto de modelo lineal asistido de innovación, los parques científicos juegan un papel importante. Estos organismos surgen de la asunción de que la innovación tecnológica se origina de la investigación y que los parques científicos pueden proporcionar el entorno catalítico innovador que permita la transformación de la investigación básica en producción (Westhead & Batstone, 1996).

Figura 2.7. **Modelos de innovación lineal**

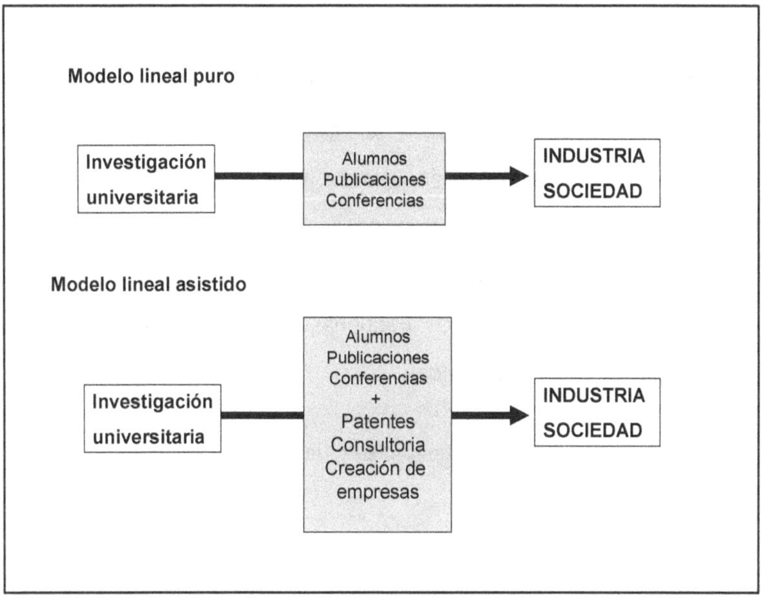

Elaboración: propia

Se observa, asimismo, como proceso complementario que a medida que las empresas aumentan su nivel tecnológico adoptan modelos más académicos y comparten más el conocimiento. El modelo jerárquico de investigación, presente en las grandes empresas, evoluciona hacia el modelo *start up*, equivalente en muchos aspectos al fenómeno *spin off* de las universidades (Etzkowitz, 2003b). Nos encontramos que la industria también se implica en el proceso de creación de conocimiento propio de la universidad, tener un artículo publicado en una revista con alto índice de impacto puede ser ventajoso también para una compañía privada que está buscando financiación para desarrollar un producto o busca una apreciación del valor de sus acciones.

Sin embargo, las invenciones generadas en las universidades pocas veces llegan al mercado simplemente por el hecho de ser patentadas. Según indica (Acs Z.J., Audretsch, & Feldman, 1994) los resultados innovadores para todas las empresas aumentan con el incremento de la inversión en I+D, pero son las pequeñas empresas las que más se benefician en sus innovaciones de la investigación llevada a cabo en las universidades. Aparentemente las grandes empresas son más adeptas a explotar el conocimiento creado en sus propios laboratorios mientras que se observa una ventaja competitiva de las pequeñas empresas para explotar los *spillovers* que genera la universidad.

Figura 2.8. **Flujos de conocimiento Universidad - Industria**

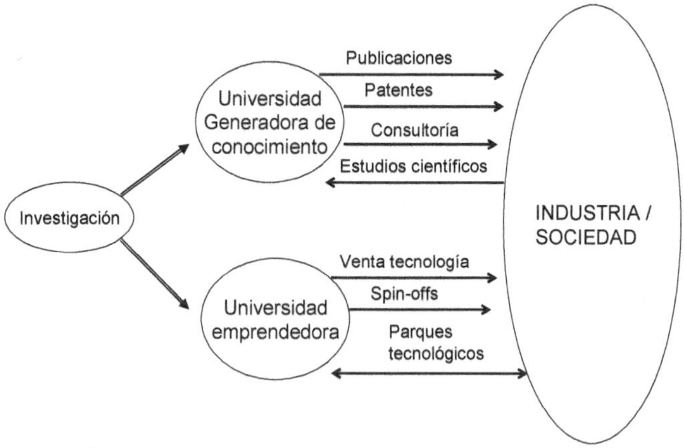

Fuente: Etzkowitz H. IEEE summer (2001)
Elaboración: Propia

3. PARQUES CIENTIFICOS/TECNOLOGICOS COMO ORGANISMOS GENERADORES DE INNOVACIÓN

3.1. El concepto de parque científico/tecnológico

Los parques científicos/tecnológicos surgieron de la transición hacia una universidad emprendedora y están apoyados por el gobierno a través de programas que proveen recursos a nivel supranacional (UE), nacional, regional y local. Todos estos programas comparten un punto común en cuanto se dirigen a potenciar el papel de la universidad en el proceso innovador y a fomentar la transferencia de conocimiento a la sociedad civil (Etzkowitz, 2003a).

Dentro de los programas financiados para estimular la creación de empresas tecnológicas, el gobierno, las universidades, centros de investigación, autoridades locales, instituciones financieras y empresas, han llevado a cabo varias iniciativas, entre las que destacamos los parques científicos. Estas organizaciones forman parte de la cadena de valor del emprendedurismo tecnológico, ya que su objetivo es proveer un entorno social, tecnológico y de recursos organizacionales que apoyen a la transformación de una idea de negocio de base tecnológica en una organización eficiente desde un punto de vista económico.

La esperada estrecha relación entre los científicos académicos e ingenieros y los emprendedores es un factor clave para validar a los parques científicos como un mecanismo de interacción dirigido a aumentar los vínculos universidad-industria. El argumento implícito, en este razonamiento, es que la proximidad geográfica entre la universidad y las empresas que proporciona los parques científicos promueve esta sinergia favoreciendo el intercambio de conocimiento, información y tecnología entre los socios. Pero el vínculo entre empresa y universidad es multipropósito, complejo y diverso.

Desde una perspectiva especialmente política, una cuestión relevante es si los parques científicos forman parte del sistema nacional de innovación. Tal como indica (Cohen & Levinthal, 1989), el aspecto fundamental para confirmarlo es demostrar que estos organismos incrementan la eficiencia de la I+D, tanto para las empresas como para la universidad, mejorando los flujos de información.

En el entorno de los parques científicos no sólo es importante el vínculo con la universidad, sino también las relaciones entre las empresas que forman parte del mismo, estas relaciones son cruciales a la hora de entender el papel que juega la proximidad en potenciar la innovación. Existe un beneficio derivado de la aglomeración de economías, las empresas que forman parte de un parque científico se benefician del hecho de que numerosas empresas de alta tecnología están agrupadas en áreas relativamente pequeñas lo que amplía las posibilidades de *networking*, especialmente si operan en el mismo sector o en sectores cercanos relacionados (Colombo & Delmastro, 2002).

Otro aspecto importante, generalmente asociado a los parques científicos, es la presencia de incubadoras de empresas y la localización física de laboratorios de investigación e infraestructuras de I+D que pueden pertenecer al parque, a las instituciones asociadas, académicas o no académicas, o a otras organizaciones públicas o privadas (Bakouros, Mardas, & Varsakelis, 2002).

Origenes

Los parques científicos y tecnológicos nacieron en los años cincuenta en California (EE. UU.). Se originan a partir del concepto de "universidad emprendedora", vinculados a la tercera misión de la universidad identificada en la teoría de la triple hélix. Su principal función es la transferencia de los resultados de ciencia y tecnología desde la universidad y los centros de investigación hacia la empresa y la sociedad en general.

Este interés por la interacción universidad-empresa no es nuevo pero se intensificó y se formalizó principalmente a partir de los 70s. El interés de los gobiernos y políticos por estas organizaciones se incrementó tanto en países desarrollados como en vías de desarrollo, argumentando que una relación más estrecha entre universidades e industrias no solo generaría beneficios mutuos sino que también contribuiría a mejorar la competitividad industrial de los países (Verdovello C., 1997). Se asume que la creación de vínculos con institutos de educación superior fomenta la innovación y productividad, y que una relación cercana entre universidades e industria puede generar beneficios mutuos y mejorar la competitividad de la industria del país (Anselin & Varga Z., 1997). Especial interés despertó en los países desarrollados, ya que el incremento en I+D y la creación de nuevas empresas tecnológicas les permite competir frente los bajos costes laborales en fabricación y servicios de los países emergentes (Phan, Siegel, & Wright, 2005).

El primer Parque Científico se creó en Standford, CA (EE.UU) en los años 50. En Europa, los primeros Parque Científicos surgieron en los años sesenta, sirvieron como prototipos el de "Cambridge" en el Reino Unido y el "Sofía Antípolis", en Francia. Los parques científicos/tecnológicos europeos se crearon, generalmente, a través de asociaciones entre instituciones gubernamentales nacionales y locales, empresas privadas y universidades locales, intentando replicar historias de éxito de USA. En España no aparecieron los primeros hasta los años 80, y se crearon para promover el crecimiento industrial, atrayendo a empresas de alta tecnología hacia zonas o regiones que disfrutaban de unas condiciones privilegiadas.

Entre las razones que pueden llevar a la creación de un parque científico/tecnológico podemos destacar facilitar el acceso a las empresas localizadas en el parque a los laboratorios universitarios y a otros centros de investigación permitiéndoles un uso preferencial de la experiencia científica y de los resultados de las investigaciones. (Anselin & Varga Z., 1997) demostraron que existe una correlación positiva entre el nivel de actividad innovadora de las empresas y la investigación universitaria, especialmente cuando la actividad investigadora de la universidad y empresas privadas están próximas geográficamente.

Definición

No hay una definición uniforme aceptada de parque científico y hay varios términos similares usados para describir desarrollos análogos tales como Parque de investigación, Parque tecnológico, *Business park*, Parque de innovación, BIC, indicando (Westhead, 1997a) que cada uno de estos términos es intercambiable y que el punto común es que aportan un entorno catalítico protector para la transformación de la investigación básica en producción.

Dentro de las definiciones que encontramos de parque científico, una de las más genéricas es la presentada por (Phan et al., 2005) donde los define como organizaciones con centros administrativos identificables enfocadas en la misión de acelerar la creación de negocio a través de la aglomeración de conocimiento y el uso compartido de recursos. Estas organizaciones intermedias proveen el entorno social, tecnológico y los recursos organizacionales para la transformación de las ideas de negocio basadas en tecnología en organizaciones económicas eficientes.

Como definición ampliada destacamos la de la International *Association of Science Parks* (IASP):
"Un parque científico (o parque tecnológico, o tecnópolo o parque de investigación) es una organización dirigida por profesionales especializados, cuyo objetivo principal es incrementar la riqueza de sus comunidades a través de la promoción de la cultura de la innovación y de la competitividad de las empresas asociadas y de las instituciones basadas en el conocimiento. Para conseguir estos objetivos, un parque científico estimula y gestiona el flujo de conocimiento y tecnología entre las universidades, instituciones de I+D, empresas y mercados, facilitando la creación y crecimiento de empresas basadas en la innovación a través de incubadoras y procesos de spin offs y provee otros servicios de valor añadido junto con instalaciones de alta calidad".

Y la del parque científico de la UNESCO:

"...un desarrollo económico y tecnológico complejo dirigido a promover el desarrollo y la aplicación de la alta tecnología en la industria. Instalaciones de investigación, laboratorios, incubadoras de empresas, así como formación, networking e instalaciones de servicios están localizadas en un mismo complejo. Está vinculado formalmente, y generalmente geográficamente próximo a un centro tecnológico de excelencia, generalmente una universidad y/o centro de investigación. Muchos de los parques científicos están enfocados en tecnología de información (Incluyendo electrónica y computación), telecomunicaciones, biotecnología y nuevos materiales.

Las características generales de los parques científicos son:

(1) Promueve la investigación y desarrollo a través de la colaboración de la universidad con la industria, ayudando al crecimiento de los nuevos emprendimientos y promocionando el desarrollo económico.

(2) Facilitan la creación y crecimiento de las compañías basadas en la innovación a través de la incubación y venturing.

(3) Estimula y gestiona el flujo de conocimiento y tecnología entre universidades, instituciones de I+D, compañías y mercados. Provee un entorno en el que las empresas basadas en el conocimiento pueden desarrollar vínculos estrechos con un particular centro de creación de conocimiento para su beneficio mutuo".

Tipologías de parques científicos

El concepto de vinculación entre empresas comerciales e investigación académica es fundamental en el modelo de parque científico. Las universidades se consideran los repositorios del conocimiento científico, la investigación y las tecnologías avanzadas. Los parques científicos se conciben como un mecanismo a través del cual los investigadores académicos deberían comercializar sus resultados, o donde las empresas pueden instalarse para tener acceso al conocimiento académico y los resultados de las investigaciones (Quintas, Wield, & Massey, 1992).

Los parques científicos se encuentran normalmente cerca de las universidades e interactúan continuamente con ellas, la idea es proveer una infraestructura técnica, logística y administrativa para ayudar a cubrir las necesidades de las jóvenes empresas y asegurar una posición para su producto en un mercado cada vez más competitivo (Bakouros et al., 2002). Generalmente, si el parque está en o es adyacente al campus, la universidad es propietaria del terreno y supervisa, o al menos aconseja, en aspectos relacionados con las actividades que tienen lugar en el parque científico, así como de la dirección estratégica del crecimiento. Cuando los parques científicos están localizados fuera del campus universitario, el terreno generalmente pertenece a una empresa privada, en estos casos, la universidad también puede participar financiando su construcción y/o aportando capital intelectual para su funcionamiento y mantener una relación administrativa con la universidad, sin embargo, el nivel de vinculación es menor (Link & Scott, 2006).

En el trabajo de (Siegel, Westhead, & Wright, 2003) se identificaron tres tipos de contextos institucionales asociados a las estrategias aplicadas en la creación de un parque científico. El primero corresponde a los parques científicos creados directamente por la universidad, organismo que lo financia, dirige y gestiona. Una segunda opción corresponde a la creación de una *joint venture* que involucra a la universidad y a inversores privados, teniendo el órgano de gestión personalidad jurídica propia. La tercera opción corresponde a una estrategia de cooperativa en la que los socios trabajan conjuntamente en una estructura flexible e informal, esta estrategia solo involucra de forma limitada a la universidad y a los académicos en el funcionamiento diario del parque. Otro aspecto importante a considerar, según indica (Bigliardi, Dormio, Nosella, & Petroni, 2006) es la variedad de formas legales que podemos encontrar, entre las que destacamos la figura del consorcio, asociación sin fines de lucro, sociedad capitalista y en algunos casos formar parte directamente de la estructura de la universidad. La forma legal que se adopte, influencia y limita claramente la misión y condiciona el comportamiento administrativo.

En función de este contexto institucional podemos distinguir distintas categorías, entre las que destacamos los parques científicos universitarios que mantienen una estrecha relación con la universidad y cuyo objetivo fundamental es la transferencia de la investigación académica (Link & Scott, 2006). Estas organizaciones se encuentran, generalmente, dentro de un campus universitario o en una zona próxima, con una clara influencia del entorno académico. Si el parque científico forma parte o esta adyacente al campus de la universidad, la universidad es propietaria de los terrenos y tal como comentamos anteriormente tendera a involucrarse directamente en su gestión.

Una subcategoría especial recibe el nombre de parque de investigación (*Research park*) y la mayoría de las empresas que alberga son *spin offs* que están fuertemente implicadas en proyectos de investigación básica y aplicada. Una de las características de esta estructura es la facilidad de utilizar ciertos servicios universitarios y la promoción de creación de centros mixtos de investigación y desarrollo entre empresas, universidades, institutos y centros de I+D.

Cabe destacar que es común que los parques científicos se especialicen en un área tecnológica, siendo las más comunes las tecnologías de la información (IT) y biotecnología. El estudio realizado por (Link & Scott, 2006) afirma que esta especialización mejora los resultados de los parques científicos.

Una segunda categoría correspondería a la tipificada por (Colombo & Delmastro, 2002) como parques tecnológicos. Un parque tecnológico comparte muchas de las características fundamentales de un parque científico, ya que es un emprendimiento privado para la creación y crecimiento de empresas que provee a sus clientes servicios técnicos y de negocio dirigidos a reforzar las capacidades relacionales de la empresa. Promueve el establecimiento de relaciones cooperativas entre empresas, y con las instituciones de investigación, sin embargo, se diferencia en dos aspectos importantes. En primer lugar, están menos enfocados en actividades de I+D y actividades intensivas en tecnológica y más dirigidos a crear conocimiento en la cadena de valor de las empresas y a la creación de nuevas empresas en sectores de tecnología media (Phillimore, 1999). Segundo, sus vínculos con la universidad y los centros de investigación son más débiles que los de los parques científicos, y en algunos casos, incluso ausentes.

Un caso especial de parque tecnológico sería el *Business Innovation Center* (BIC) que se configuró en la DG XVI (1984) a través del *European Business Innovation Network*[2], con el objetivo de apoyar la innovación y la creación de nuevas empresas, especialmente en regiones europeas deprimidas (Casanova, 2004). Tal cómo define la CE "su objetivo es reforzar la emergencia de actividades innovadoras como parte de la política de planificación local, y al mismo tiempo, desbloquear los mercados internacionales a las pymes agrupando los servicios ofrecidos conjuntamente en paquetes coherentes, definiendo métodos de cooperación con las instituciones y el entorno empresarial, y formar parte del *European BIC Network* (ERDF, 2000)". La misión de los BICs es implementar servicios de soporte a emprendedores, ayudándolos a transformar en realidad su idea de negocio y ofrecer servicios de innovación y modernización a medida a las pymes.

[2] La red de los Centros Europeos de Empresas e Innovación (CEEI) es fruto de una iniciativa de la Dirección General de Política Regional y Cohesión de la Comisión Europea (REGIO). El programa CEI se inició en 1984 y tiene por objeto estimular y fomentar la creación y el desarrollo de empresas innovadoras, especialmente en las regiones más desfavorecidas de la Comunidad Europea. Actualmente hay en la Unión Europea más de 160 CEI, que forman parte de una red internacional federada por la European Business and Innovation Centre Network (EBN) con sede en Bruselas.

Existe una tercera categoría que corresponde a la figura de la Incubadora de empresas. Las incubadoras y los parques científicos se identifican como organizaciones diferentes, siendo una incubadora aquella organización privada o pública que provee recursos que mejoran la financiación de los nuevos pequeños negocios, y que apoya directa o indirectamente las *spin offs* corporativas y universitarias, así como a las nuevas empresas de base tecnológica (Lindelöf & Löfsten, 2001). La diferencia se basa principalmente en el hecho de que las incubadoras son una forma de *mentorship* individual entre la dirección de las incubadoras y/o parques científicos y los emprendedores o grupo de emprendedores. La incubación puede ser una actividad discreta o un proceso continuo, se puede realizar de una forma formal o informal, planificada o espontanea, racional o irracional. El concepto de incubadora puede ser más amplio, y tal como indica (Phan et al., 2005), referirse de forma genérica a un entorno protector para las empresas *start ups* y nuevas empresas donde no queda definido si se trata de una organización o de un entorno empresarial más general.

Los políticos, tanto a nivel nacional como regional, ven a las incubadoras de empresas como una herramienta para promocionar el desarrollo económico, la innovación y la creación de nuevas empresas tecnológicas, y se han utilizado tanto para reactivar regiones deprimidas como para potenciar el nacimiento de *spin offs* universitarias. (Bergek & Norrman, 2008) identifica dos tipos de objetivos perseguidos, el primer está relacionado con el desarrollo económico y disminución del desempleo a nivel regional, ayudando a la formación de emprendedores, facilitando la creación de nuevas empresas e incrementando el ratio de crecimiento y supervivencia. El segundo objetivo se centra en estimular la creación de empresas involucradas en tecnologías emergentes y la transferencia de las investigaciones realizadas en las universidades e institutos de investigación.

La mayoría de las empresas que ingresan en las incubadoras lo hacen con proyectos en fases muy iniciales, con ideas de negocio todavía inmaduras y no totalmente desarrolladas y la incubadora les ayuda a convertirse en empresas viables. Es decir la incubadora actúa como puente para superar la brecha entre la nueva idea de negocio y su puesta en marcha. Podernos considerar, por lo tanto, que el concepto de incubadora de empresa queda reservado para organizaciones que ofrecen localización, servicios, apoyo empresarial y redes de contactos a empresas en sus primeras etapas de vida y no puede ser utilizado para organizaciones tales como los parques científicos y tecnológicos, los cuales generalmente están diseñados para albergar empresas más maduras (Bergek & Norrman, 2008).

En el estudio realizado por (Link & Scott, 2006) donde valora el desempeño de los parques científicos, encuentra que aquellos parques científicos que contienen incubadoras presentan crecimientos inferiores en un 3%, respecto a los parques sin incubadoras de empresas. Existe una explicación clara basada en el hecho de que la función de las incubadoras es albergar a las empresas en sus primeras etapas y que una vez superadas abandonan el parque. El autor afirma, en su trabajo, que las empresas que forman parte de las incubadoras rara vez crean sinergias con otras empresas del parque.

Tal como indica (Phan et al., 2005) a la hora de valorar el desempeño de un parque científico y una incubadora , se debe diferenciar entre los objetivos de eficiencia asociada a la aceleración del crecimiento y de ineficiencia asociada a la supervivencia de la empresa, por ello en muchos estudios se adopta la perspectiva de que las incubadoras y los parques científicos son organismos diferentes dentro de la cadena de valor del emprendimiento tecnológico.

3.2. Los parques científicos como modelo de innovación

La importancia de los parques científicos como mecanismo de transferencia de la investigación académica y fuente de *spillovers* de conocimiento está ampliamente referenciada en la literatura (Siegel et al., 2003) (Link & Scott, 2006), sin embargo, los tecnopolos, término utilizado para designar de forma genérica a los parques científicos y tecnológicos, han sido criticados por basarse en un modelo lineal caducado de innovación, en el cual se asume que el conocimiento científico puede ser transferido sin problemas desde la investigación universitaria a los parques científicos adyacentes. La innovación se reconoce hoy como un complejo proceso no lineal que involucra procesos de retroalimentación y creación de sinergias a través de un amplio rango de redes de información (Phillimore, 1999).

El modelo lineal de innovación consiste en una cadena de sucesivas actividades interrelacionadas, que inicia con la investigación básica, pasa a través de la investigación aplicada, el desarrollo de nuevos productos y procesos, la evolución y prueba de los prototipos, la producción comercial y finalmente la difusión y comercialización (Westhead, 1997b). Este modelo implica una división paralela del trabajo, donde diferentes grupos de personas realizan cada tarea y un modelo de relación donde cada una de estas tareas está integrada.

Figura 3.1. **Proceso lineal de innovación**

Elaboración: propia

Dentro de este modelo lineal, la función de las empresas que forman parte de los parques científicos está relacionada con las actividades asociadas a la segunda y tercera etapa del modelo. Cabe destacar que la mayor parte de los parques científicos tienen restricciones para las actividades de fabricación, excepto si se trat de fabricación limpia como puede ser el caso de las empresas de software (Quintas et al., 1992).

El modelo lineal de innovación tecnológica se basa en la idea de que la actividad científica y los avances tecnológicos se generan en los laboratorios académicos aislados de la actividad industrial. Se ha cuestionado la validez de este modelo lineal que relaciona investigación, producción y comercialización y tiende a ignorar la relación entre las fuerzas de la oferta y la demanda. La innovación se considera desde el fenómeno de la oferta, asumiendo que la naturaleza y la composición de la demanda no varían.

Los tres motivos referidos en la literatura que apoyan la creación de tecnólogos son, la reindustrialización, el desarrollo regional y la creación de sinergias. El objetivo es crear un entorno innovador, donde se difunda información nueva y valiosa a través de la interacción humana y que genere constante innovación (Phillimore, 1999), sin embargo, en el entorno de los parques científicos, el concepto de redes de conocimiento e información se refiere principalmente a una transferencia de resultados unidireccional de la universidad a las empresas para su comercialización.

Las empresas ya constituidas que se instalan en los parques científicos, sin vínculos previos con la universidad, destacan la dificultad de crearlos, y según indica (Quintas et al., 1992) los proyectos de investigación con la universidad que se generan no son significativamente superiores a los existentes entre empresas de características similares situadas fuera de este entorno. Este hecho nos provoca dudas sobre la idoneidad del modelo para cubrir las necesidades de las empresas que se localizan físicamente en los parques científicos, y la compatibilidad entre sus necesidades en I+D y los servicios y resultados ofrecidos por la universidad.

Son varios los estudios realizados (Phillimore, 1999), (Westhead, 1997a), (Massey & Wield, 1992) y (Verdovello C., 1997) que refieren la falta de éxito del modelo de parque científico en el desarrollo tecnológico regional y en el proceso de transferencia de tecnología universidad-empresa. Destacamos el trabajo realizado por (Massey & Wield, 1992) donde afirma, que en el caso de UK, los parques científicos no cumplen con los objetivos descritos en la misión y los beneficios que se esperaría de su desempeño, tales como, crear empleo, creación de nuevas empresas, facilitar la colaboración entre industria y academia, y generación de empresas que operen con altos niveles tecnológicos. Este autor duda del concepto de parque científico presentado en la literatura y de los beneficios causales atribuidos a este.

Este estudio se ve respaldado por los resultados de los trabajos de (Löfsten & Lindelöf, 2002) donde afirman que los parques científicos son más enclaves prestigiosos de innovación que semilleros, principalmente, por la evidencia de las limitadas interacciones entre las empresas del parque con las universidades y por el hecho de que se generan pocas sinergias productivas. Los resultados del estudio realizado por (Koberg, Uhlenbruck, & Sarason, 1996) muestran que las condiciones del entorno por si mismas tienen menos importancia para la empresa que la búsqueda activa y sistemática de la información a través de clientes, competidores, proveedores e instituciones de investigación, principalmente en las empresas más antiguas.

Los estudios realizados por (Phillimore, 1999) también cuestionan el éxito de los parques científicos basados en el modelo lineal de innovación y concentrados en el desarrollo de vínculos formales de investigación con la universidad e industria, y demuestra que este tipo de parques son inadecuados para promover la innovación como originalmente se pretendía.

Sin embargo, en el entorno de los parques científicos no sólo es importante el vínculo con la universidad, sino también las relaciones entre las empresas que forman parte del mismo y estas relaciones son cruciales a la hora de entender el papel que juega la proximidad en potenciar la innovación. Las empresas que forman parte de los parques científicos se benefician de las aglomeraciones económicas que amplían las posibilidades de *networking* y *spillover*, especialmente si operan en el mismo sector o en sectores relacionados (Acs Z.J. et al., 1994) y (Colombo & Delmastro, 2002).

(Phillimore, 1999) y (Verdovello C., 1997) afirman que en el entorno de los parques científicos se crean otros tipos de vínculos más personales e informales más acordes con la naturaleza sistémica y de interrelación de la innovación, y que estos vínculos se ven reforzados por la proximidad geográfica. (Romijn & Albaladejo, 2002) indica que el principal beneficio de esta ubicación no radica en los vínculos que crean las empresas con las universidades, sino que están asociados principalmente a aspectos indirectos, destacando como especialmente positiva la proximidad con los proveedores que permiten interacciones personales.

(Koh, Koh, & Tschang, 2005) añaden que en los parques científicos las empresas tienen acceso a un mayor número y variedad de proveedores, conocimiento técnico y potenciales socios, en un entorno próximo. El proceso de aglomeración incluye *spillovers* de conocimiento resultantes de la transferencia informal de información, y es uno de puntos fundamentales que tienen en cuenta las empresas a la hora de considerar formar parte de un parque científico. Cabe destacar que este efecto de aglomeración y *spillover* tecnológico no solamente se da dentro de las instalaciones físicas del parque científico sino también a nivel de firmas locales y de la región en su conjunto.

Las nuevas teorías de la innovación (Dosi et al., 1988) (D. Teece, 2008),(Phillimore, 1999) y (Pavitt, 1984) reconocen la complejidad del proceso no lineal que incluye procesos de retroalimentación y creación de sinergias entre diversas redes de información. Se reconoce que el cambio tecnológico es acumulativo y específico para cada empresa y la importancia del conocimiento tácito y codificado dentro de la empresa a través del concepto de paradigma tecnológico. Se enfatiza el hecho de que una parte importante del conocimiento tecnológico es tácito y difícil de codificar y de transferir si no es a través del intercambio de personal. El reconocimiento de esta dinámica nos lleva a la conclusión de que la estructura social y espacial actual de los parques científicos no es la más apropiada, ya que una estructura menos jerarquizada y de mayor proximidad a los centros de producción sería más adecuada a este modelo no lineal de innovación. Cabe destacar que los investigadores y técnicos de las empresas que forman parte de los parques científicos realmente no están cerca de la industria ni del mercado sino que se mantienen en el nivel de influencia de la universidad o centro de investigación (Massey & Wield, 1992).

Las razones de esta desviación entre los resultados esperados y los reales, argumenta (Massey & Wield, 1992) se deben principalmente a tres aspectos fundamentales, el primero, tal como hemos desarrollado anteriormente, es que los parques científicos se basan en un modelo lineal de innovación, segundo, las particulares características en cuanto al tipo de relación que se crea dentro de los parques científicos, y por último el hecho de que se trate de un desarrollo inmobiliario. Estos tres aspectos van en detrimento de la consecución de los objetivos fijados en el modelo inicial.

Respecto a los vínculos entre universidad y empresa dentro de los parques científicos, este autor, encontró que eran escasos, mayoritariamente informales y principalmente relacionados con el uso de infraestructuras e instalaciones más que con un intercambio real de investigación. El hecho de que sean desarrollos inmobiliarios privilegiados, hace que los costes de alquiler, la mayoría de las veces, sean superiores a los precios de mercado, hecho que dificulta la entrada de nuevas empresas. En esta situación, los parques científicos se convierten en desarrollos inmobiliarios prestigiosos, aislados físicamente de la sociedad e incapaces de generar sinergias productivas (Massey & Wield, 1992).

Una explicación de la discrepancia entre resultados obtenidos y esperados, en la interface I+D universidad-industria, es que las empresas demandan conocimiento altamente específico para la resolución de sus problemas, siendo la investigación ofrecida por la universidad demasiado genérica, teórica, a largo plazo y difícil de adaptar a las necesidades concretas de las empresas. El conocimiento vinculado a las empresas es específico y acumulativo, y el coste de asimilar conocimiento externo en la estructura de la empresa es elevado. El concepto de que la investigación académica puede ser una reserva de conocimiento de libre acceso no es sostenible. Las competencias tecnológicas de las grandes empresas se han construido sobre años de I+D y de procesos de *learning-by-doing* e incluyen conocimientos tácitos que no son transferibles. Las empresas presentes en el mercado trabajan bajo presiones comerciales y plazos de ejecución y requieren soluciones rápidas para problemas actuales.

Entre las propuesta que encontramos para mejorar la situación actual de los parques científicos destacamos la de (Koh et al., 2005), donde remarca la importancia de potenciar los *spillovers* de conocimiento. El objetivo es crear un entorno que facilite el *spillover* y los efectos de aglomeración a través del desarrollo de una densa metrópoli tecnológica, específicamente creando un entorno que permita a las organizaciones de diferentes sectores y actividades tecnológicas combinar sus capacidades, y en el proceso, transformarse para adaptarse a las nuevas situaciones.

Uno de los factores que marcaría el éxito de un parque científico, es que pudiera integrarse verdaderamente en la dinámica de la triple hélix y transcender a la esfera institucional de la universidad, en la medida que los parques científicos actúen como una extensión de la universidad no conseguirán plenamente los objetivos para los cuales fueron creados. Tal como afirma (Phan et al., 2005) se necesita emplear una aproximación estratégica para construir modelos de parques científicos e incubadoras que consideren una de sus funciones, la sustitución y complementariedad de recursos. A pesar de estas limitaciones, cabe destacar que es el modelo que ha conseguido mayor consenso en el entorno político e industrial (Westhead & Batstone, 1996).

3.3. Las empresas en el entorno de los parques científicos

Los objetivos principales de los parques científicos respeto a las empresas que los integran son, facilitar la transferencia de la tecnología universitaria, promover la creación de empresas tecnológicas, favorecer el crecimiento de las empresas de alta tecnología existentes, atraer empresas relacionadas con tecnologías de vanguardia y promover redes y alianzas estratégicas (Siegel et al., 2003).

Sin embargo, en los diversos estudios realizados sobre el comportamiento de las empresas tecnológicas constituidas dentro y fuera de los parques científicos (Reynolds, Storey, Westhead, David, & Comparisons, 1994), (Colombo & Delmastro, 2002), (Siegel et al., 2003) y (Dettwiler & Lindelof,

2006), no encontraron diferencias estadísticamente significativas en el nivel de supervivencia, crecimiento del empleo y relaciones formales con la universidad. Concluyendo que los parques científicos en Europa contribuyen modestamente a la creación de empleo y la transferencia de tecnología.

El estudio realizado por (Colombo & Delmastro, 2002) identifica diferencias en la actividad innovadora de empresas tecnológicas instaladas dentro y fuera de los parques científicos y llega a la conclusión de que la actividad innovadora solo es marginalmente diferente. Una de las características diferenciales que encuentra es que las empresas localizadas en los parques científicos presentan mayores ratios de crecimiento, adoptan mejor las nuevas tecnologías, y presentan una mejor aptitud frente a la participación en programas internacionales de I+D y establecimiento de acuerdos colaborativos, especialmente con universidades, resultándoles más fácil acceder a subsidios públicos. Este autor justifica estos resultados por el hecho de que los parques científicos atraen a emprendedores más cualificados, tanto a nivel de formación como de experiencia laboral previa y esta es una de las principales razones por lo que presentan mayores ratios de crecimiento.

Sin embargo, existe una falta de congruencia entre los diferentes trabajos publicados, ya que los resultados obtenidos por (Löfsten & Lindelöf, 2002) no son acordes a esta afirmación e indica que los ratios de crecimiento son menores. La explicación la asociada al hecho de que al menos una quinta parte de los negocios localizados en los parques científicos ha sido creados por académicos o ex académicos, lo que da un perfil inferior en términos de crecimiento del empleo comparado con otros negocios. Estos hallazgos se ven corroborados por los estudios realizados por (Etkko Autio, 1994), (E Autio, Yli-Renko, E., & Etzkowitz, 1998) y (Koh et al., 2005) donde demuestran que la mayor parte de las nuevas empresas tecnológicas creadas en el entorno de los parques científicos no observan grandes crecimientos manteniéndose como pequeñas empresas, lo que demuestra su orientación hacia la investigación.

Respecto a la actividad innovadora, Siegel et al. (2003a) identifica que la productividad investigadora de las nuevas empresas tecnológicas que forman parte de los parques científicos es superior frente al mismo tipo de empresas situadas fuera, sugiriendo que las empresas que forman parte de los parques científicos son más efectivas en el proceso de generación de nuevos productos, servicios y patentes. Este hecho confirma la importancia de los parques científicos como mecanismo generador de *spillovers* tecnológicos a empresas locales y a la región.

El trabajo realizado por (Quintas et al., 1992) indica que se observa una amplia variación en el nivel tecnológico de las empresas que forman parte los parques tecnológicos, una parte significativa son empresas de tecnología punta que llevan a cabo proyectos de I+D y diseño de nuevos productos, otras en cambio, son menos sofisticadas y realizan o no I+D, dedicándose esencialmente a actividades de comercialización.

(Massey & Wield, 1992) argumenta, con respecto a la creación de *spin offs* que el número de este tipo de empresas creadas en los parques científicos es muy bajo y pocas de ellas cumplen el modelo de emprendedor académico.

El papel de las spin offs en el modelo de innovación

Existen dos formas principales de vinculación universidad-industria, en el entorno de los parques científicos, la primera corresponde a la creación de *spin offs* formadas por personal académico que realiza investigación fuera de la universidad y que ha constituido su propia empresa dentro del parque científico, y la segunda se refiere a los contratos de investigación y transferencia de tecnología firmados entre empresas y universidades o centros de investigación universidad.

Existe un consenso en la bibliografía sobre el concepto de *spin off*, definiéndola como una compañía de nueva creación cuyos socios fundadores trabajaban anteriormente en la organización madre (*parent organization*) la cual ha transferido a la nueva empresa el conocimiento de una nueva tecnología o aplicación (*core technology)* (E. M. Rogers & M., 1999).

(Steffensen, Rogers, & Speakman, 2000) identifican cuatro tipos de entidades involucradas en la creación de una *spin off* que son, (1) el organismo generador de la tecnología *(technology originator)*, es decir la persona u organización que ha llevado la tecnología desde la categoría de investigación básica, a través de las distintas etapas del proceso de desarrollo de la innovación, hasta el punto donde se puede iniciar la transferencia de dicha tecnología. (2) La organización madre *(parent organization)*, refiriéndose a la organización que ha llevado a cabo el proceso de I+D, y que ayuda o limita el proceso de creación de la *spin off* a través del control de los derechos de propiedad intelectual y su transferencia. (3) El emprendedor o grupo de emprendedores, quienes toman la tecnología creada por el generador de tecnología para crear una nueva unidad de negocio y (4) el capital riesgo que a menudo está representado por una compañía de capital riesgo que provee fondos a la nueva empresa a cambio de un participación en la nueva sociedad creada.

(Mustar et al., 2006) afirma que no existe un adecuado sistema de incentivos por parte de las universidades que induzca a los inventores a involucrarse en la comercialización de sus invenciones. En la mayoría de las ocasiones en vez de apoyar el proceso, la universidad y los centros públicos de investigación son considerados como una barrera. Sin embargo, se reconoce la función positiva de las incubadoras tecnológicas que facilitan al personal académico llevar las ideas de negocio, basadas en el conocimiento, al mercado.

El proceso de creación de una *spin off,* basado en el modelo lineal de innovación, en el que una idea de base tecnológica generada través de la investigación y protegida por patentes es transferida a una empresa de nueva creación para su comercialización, fue cuestionado por (Druilhe & Garnsey, 2004). Este autor propone que la creación de estas empresas surge de un proceso emprendedor más que de un proceso lineal de comercialización de la tecnología. La investigación llevada a cabo en la universidad puede resultar altamente genérica, las patentes originales frecuentemente constituyen una base insuficiente para la explotación y se requieren desarrollos posteriores, mejoras y protecciones de la propiedad intelectual.

Las empresas surgidas de un entorno académico tienen un mayor ratio de supervivencia comparándolas con otras empresas tecnológicas, sin embargo, experimentan un modesto ratio de crecimiento, asociado, principalmente, a la falta de experiencia empresarial pero también a la propensión del emprendedor académico a asumir bajos niveles de riesgo. En estos emprendimientos se tiende a minimizar las inversiones iniciales para mantenerse abiertos a nuevas posibilidades cambiantes y encontrar vías de apalancamiento en base a los recursos disponibles, principalmente en las universidades (Druilhe & Garnsey, 2000) .

Los conceptos de *spin offs* y las NTBFs son muy cercadnos y comparten muchos puntos comunes pero existen dos cuestiones diferenciales claras (Clarysse, Wright, Lockett, Van de Velde, & Vohora, 2005). En primer lugar, el hecho de que las *spin offs* han surgido en un entorno académico, hace que se encuentren con retos y obstáculos específicos asociados a su falta de recursos y experiencia comercial. Un segundo punto importante, es la posibilidad de verse adversamente impactada por el conflicto de intereses de los *stakeholders,* tales como la universidad, los emprendedores académicos y socios financieros.

Otro aspecto tratado en la bibliografía es la falta de homogeneidad de las *spin offs*. Un criterio de clasificación fue propuesto por (Bullock, 1983) en base al modelo de crecimiento de las *spin offs,* donde distingue entre empresas *soft* y *hard* en función de si su objetivo es ofrecer servicio o bien producir o bien comercializar el producto innovador radical.

Una empresa *soft* requiere de una mínima inversión en capital y tiene un riesgo financiero bajo, mientras que una empresas productora *hard* generalmente necesita inversiones substanciales en infraestructura y maquinaria. Una ventaja adicional de las empresas *soft,* es que permiten al emprendedor inexperto valorar la existencia o no de mercado para su nueva tecnología y decidir la estrategia de desarrollo de su negocio.

Las empresas *soft* creadas por emprendedores académicos empiezan ofreciendo servicios, diseño de software o consultoría, y esta opción les aporta una serie de ventajas en la primera etapa de desarrollo. En una segunda etapa, si se identifica el mercado, puede invertir para desarrollar un producto o servicio estandarizado, y el fundador, generalmente, deberá decidir si desea dedicarse *full time*, añadiendo un riesgo personal al proyecto. La última etapa, en la transición de la empresa, ocurre cuando se toma la decisión de fabricar el producto, lo que tal vez requiera de instalaciones, capacidad de producción y financiación exterior.

Pero no existe una evidencia de las *spin offs* que forman parte de los parques científicos realicen una transición de actividades *soft* a *hard* (Reynolds, Storey, Westhead, David, 1994). En el estudio realizado por (Monck, 1988), en el que se comparaban las fuentes de ingreso de empresas tecnológicas ubicadas en parques científicos, se encontró que el doble de las empresas tecnológicas externas respecto a las que formaban parte del parque científico eran fabricantes, resultado predecible dadas las restricciones a la fabricación que existen dentro de estas instalaciones. En el mismo estudio asegura que las actividades *soft* se están incrementando en los parques científicos y no hay evidencias de que esta realidad vaya a cambiar. A igual conclusión llega (Garnsey, 1995), indicando que entre la empresas constituidas en el parque científico de Cambridge las que se iniciaron ofreciendo servicios generalmente mantienen este modelo de negocio, y las empresas fabricantes habían definido este objetivo desde el inicio. Estas conclusiones son contrarias a los resultados asociados al modelo lineal de innovación, ya que se esperaría que las empresas creadas en el entorno de los parques científicos evolucionaran a empresas *hard.*

Según el estudio realizado por (Westhead & Batstone, 1996) no existen ganancias reales para las empresas tecnológicas en dejar de ser *soft* y convertirse en *hard,* y existen dificultades importantes para financiar la fabricación a través de los servicios de consultoría e I+D. Los ingresos generados por los servicios de consultoría, generalmente, no son suficientes para financiar la fabricación y puedes desviar a los fundadores de su objetivo de desarrollar su propio producto, esta es una de las razones por las que mayoría de estas empresas desestiman llevar a cabo el proceso de producción.

Los trabajos realizados por (Mustar et al., 2006) y (Shane & Venkataraman, 2000) demuestran que la creación de *spin offs* no se produce por igual en todas las áreas académicas, de hecho, la mayor parte se concentra en unas pocas áreas, siendo las más importantes Biomedicina y diseño de Software.

A través de la creación de *spin offs* los parques científicos cumplen uno de sus objetivos, colaborar en la creación de nuevas empresas tecnológicas. Sin embargo, según el estudio realizado (Quintas et al., 1992) el peso de las *spin offs* en el entorno de los parques científicos no es tan importante como cabría esperar.

Emprendedor tecnológico y emprendedor académico

La figura del emprendedor según (J A Schumpeter, 1935) se caracteriza por un comportamiento proactivo y no estrictamente dirigido a maximizar el beneficio económico de forma racional. El emprendedor es un agente económico que actúa de forma racional e irracional y que parece nunca estar satisfecho con los resultados obtenidos, con el nivel de innovación existente y siempre en busca de nuevas oportunidades. Cabe destacar que en el capitalismo moderno, esta figura del emprendedor la pueden jugar tanto una persona física como un colectivo con una función emprendedora en una gran empresa (Hagedoorn, 1996). En este contexto colectivo el emprendimiento no es un fenómeno mágico sino principalmente un factor endógeno que combina la aplicación de capacidades innovadoras basadas en el conocimiento tácito con unas rutinas internas bien definidas de búsqueda, habilidades específicas de la empresa y aprendizaje organizacional.

La figura del emprendedor tecnológico como persona física, tiene unas características diferenciales claras respecto al de los sectores tradicionales ya que posee una mayor formación académica principalmente en áreas técnicas o científicas y carece, a menudo, de la experiencia empresarial acumulada por los emprendedores convencionales. El perfil del emprendedor tecnológico según el estudio realizado por (Storey & Tether, 1998) corresponde a un profesional con formación superior (PhD 48%), edad entre 30 y 50 años, experiencia laboral previa en grandes empresas o centros de investigación y género masculino (95% hombres).

Cabe destacar la habilidad de los emprendedores científicos para combinar nuevos recursos creando una nueva actividad productiva basada en una tecnología de vanguardia, aunque el investigador carezca de espíritu emprendedor y de experiencia profesional previa, el inventor de una tecnología universitaria juega un importante rol en la decisión de crear una *spin off* para explotar una invención. Hay que tener en cuenta que además de incentivos económicos, existen otro tipo de motivaciones como son el compromiso con el proyecto, prestigio y la difusión de la invención a la sociedad, motivos también importantes para la creación de una *spin offs*.

Las características de su trabajo, los conocimientos, habilidades y herramientas que un investigador domina no suelen ser los mismos que los que se necesitan para ser un emprendedor, en consecuencia, no es lo más habitual que el investigador asuma el papel de emprendedor. Se ha cifrado en un 4% - 5% el porcentaje de investigadores potencialmente interesados en comercializar investigación académica mediante una *spin off* (Shane & Venkataraman, 2000).

La primera dificultad a la que se enfrenta el emprendedor académico es identificar y seleccionar una oportunidad productiva viable. Las oportunidades son objetivamente identificables pero su reconocimiento es subjetivo y a menudo depende de un conocimiento especial previo del mercado. Los estudios llevados a cabo por (Shane & Venkataraman, 2000) indican que los individuos analizan el entorno de acuerdo a esquemas heurísticos que limitan el ámbito de su búsqueda, estando estos esquemas relacionados con el nivel de educación, factores demográficos y experiencia laboral.

Hay una tendencia, en el entorno de las nuevas empresas tecnológicas, a minimizar la importancia de la formación en dirección de empresas, considerando que las habilidades directivas son instintivas o que pueden ser adquiridas fácilmente a medida que se avanza en el proceso. Los científicos pueden ser excelentes en su campo de investigación e iniciar una nueva actividad productiva basada en una tecnología disruptiva con escasa experiencia de mercado pero, a menudo, carecen del conocimiento necesario para convertir su investigación en un emprendimiento comercial. Llevar a cabo la transición desde el entorno académico al mercado, requiere de capital financiero para cubrir los gastos de desarrollo, capacidad de comercialización de sus innovaciones, y saber crear y gestionar una organización.

Según el trabajo realizado por (R. P. Oakey, 2003), a pesar de que se acepta que una parte del éxito empresarial es instintivo, se confirma la importancia de la educación dirigida a mejorar el rendimiento emprendedor, particularmente para aquellos académicos e investigadores industriales que previamente solo cuentan con experiencia científica. A pesar de que la formación en dirección de empresas puede ayudar al emprendedor tecnológico a fijar y conseguir objetivos estratégicos, seria simplista asumir que las aspiraciones de la nueva empresa tecnológica siempre están dirigidas a maximizar el tradicional beneficio económico. El comportamiento del trabajo científico indica que los emprendedores tecnológicos a menudo sacrifican la racionalidad económica por otras recompensas no financieras, el estudio realizado por (R. P. Oakey, 2003) indica que para los fundadores de pequeñas empresas de alta tecnología es tan importante la independencia y/o una atractiva localización física como la maximización de puro beneficio económico. Teniendo en cuenta estos aspectos podríamos esperar que los resultados económicos de estas empresas estuvieran suboptimizados cuando se juzgan en términos de comportamiento "empresarial racional". En estas circunstancias, la definición económica de beneficio debería ampliarse para incluir factores físicos tales como "tranquilidad de espíritu", "satisfacción en el trabajo", "entorno laboral agradable" e "independencia", más que simples ganancias financieras.

El equilibrio entre habilidades técnicas y directivas es crítico. Las habilidades técnicas exclusivas rara vez llevan al éxito comercial, sin embargo, también es cierto que las empresas de alta tecnología gestionadas por emprendedores sin conocimientos técnicos es difícil que triunfen. Dado que muchas tecnologías universitarias se encuentran en etapas iniciales de desarrollo y que parte del conocimiento que incorporan es de carácter tácito, es necesario que el inventor se implique para que la *spin off* se pueda desarrollar. El emprendedor debe estar totalmente comprometido con las nuevas técnicas, tener un conocimiento técnico íntimo del desarrollo de los productos involucrados y una total confianza en el potencial de mercado. Esta cualidad, a menudo, es la que más convence a los inversores, ya que esta confianza del emprendedor en la base tecnológica del proyecto, es lo que resulta más convincente.

En algunos casos la figura del emprendedor, fundamental para las primeras etapas de viabilidad del proyecto también limita su crecimiento y expansión por la falta de voluntad de contratar y delegar la gestión en un gerente experimentado. A pesar de los éxitos obtenidos en las primeras etapas, muchas nuevas empresas tecnológicas no disponen de visión de negocio y/o recursos para comercializar sus logros (Karagozoglu & Lindell, 1998) y (R. P. Oakey, 2003). Debido a su trayectoria profesional y el alto nivel de conocimientos, los emprendedores tecnológicos dedican mucho esfuerzo a los aspectos técnicos de la innovación a expensas de desarrollar las habilidades comerciales necesarias, y tal como hemos comentado anteriormente, no es suficiente el conocimiento técnico para asegurar el éxito si no va acompañado de capacidades de gestión. Esta debilidad puede llevarles a una situación *ad hoc* creando una organización sin estructura que utiliza generalmente la universidad como base para reclutar expertos.

El estudio realizado por (Quintas et al., 1992) afirma que el papel de las *spin offs* ha sido exagerado en la literatura y que en realidad son pocas las empresas que han sido creadas por emprendedores académicos. Los emprendedores académicos tienen un perfil de bajo riesgo y los inversores y empresas de capital riesgo prefieren, generalmente, un gerente con experiencia empresarial, sin menospreciar el valor de la figura del emprendedor académico y de sus investigaciones, que son los que dan sentido al proyecto.

3.4. Modelos de valoración del desempeño de los parques científicos

Dado el creciente número de parques científicos que se están creando tanto en países desarrollados como emergentes y a la importancia de los parques científicos universitarios como elemento del sistema nacional de innovación (Link & Scott, 2006), el problema de medir la efectividad de este instrumento de apoyo a las políticas de innovación, es fundamental, tanto desde un punto de vista académico como político.

Así como existen dudas sobre la eficacia del modelo lineal de innovación aplicado a los parques científico, no existe un consenso sobre cómo deben ser evaluados en su desempeño. (Phan et al., 2005) y (Bergek & Norrman, 2008) sugieren que no hay un marco teórico sistemático que nos permita entender de forma general la función real de los parques científicos e incubadoras, en su naturaleza dinámica e identificar las *best practices* en particular. (Phillimore, 1999) indica que la mayoría de las evaluaciones que se realizan de los parques científicos siguen utilizando el modelo lineal de innovación, a pesar de los diferentes estudios científicos que demuestran su falta de vigencia. Estas valoraciones se concentran en la transferencia directa del conocimiento de la universidad a las empresas que forman parte de los parques científicos y existe una falta de claridad a la hora de definir y medir la naturaleza de los resultados esperados. No hay que olvidar que el concepto *performance* está relacionado con la consecución de una serie de objetivos en una actividad y por lo tanto los indicadores de resultados deben estar vinculado a su consecución.

Es importante destacar que los parques científicos e incubadoras son a menudo resultado de asociaciones público-privadas, lo que significa que múltiples accionistas con diferentes intereses definen su misión y procesos operacionales (Phan et al., 2005), sin embargo, en la mayoría de estudios de *performance* realizados, los resultados se miden como si todos los parques científicos tuvieran los mismos objetivos, cuando en realidad no hay dos parques iguales. Las expectativas diferentes, y algunas veces en conflicto, de los socios y *stakeholders*, crean dudas sobre su capacidad de gerenciamiento (Bigliardi et al., 2006) y (Lofsten and Lindelof, 2002). Los parques científicos e incubadoras marcan sus prioridades en función de los intereses de sus patrocinadores, y estas pueden ser diferentes aun teniendo los mismos objetivos (Bergek & Norrman, 2008) (Phillimore, 1999).

En la valoración de la variable dependiente *performance* debe considerarse la vinculación entre objetivos y naturaleza de las variables. En la bibliografía sobre el tema no es posible identificar un consenso sobre la definición de un indicador, o conjunto de indicadores, apropiados para valorar el desempeño de los parques científicos e incubadoras. Encontrando una gran dispersión en la naturaleza de las variables utilizadas para su valoración siendo de tipo económico, tecnológico, social y político (Quintas et al., 1992). Otro aspecto mencionado en los diferentes estudios, es la dificultad poder obtener datos a nivel europeos.

En el trabajo realizado por (Phan et al., 2005) se identifican cuatro niveles de análisis en el estudio de los parques científicos: (1) Los parques científicos y las incubadoras como entidad (2) Las empresas que forman parte de los parques científicos (3) Los emprendedores y grupos de emprendedores (4) Las universidades, regiones o países, desde una perspectiva sistémica. Sin embargo, este actualmente no existe un marco teórico dinámico que nos permita relacionar estos cuatro niveles de análisis.

En el trabajo realizado por (Link & Scott, 2006) la variable utilizada para medir el crecimiento del parque científico fue el incremento en número de empleados. Un indicador más completo fue el utilizado por (Koh et al., 2005) donde incorpora tres aspectos de los parques científicos que se habían tratado de forma separada en la literatura, en un modelo integrado (1) mecanismos de crecimiento (2) sofisticación y capacidades tecnológicas (3) Grado de integración en la cadena de valor del mercado nacional y global. En la identificación de nuevos indicadores asociados a la valoración del *performance* de los parques científicos, este autor destaca la importancia de las redes de *networking* a nivel internacional [3] y demuestra que la posibilidad de crear fuentes vínculos con otros parques científicos o centros tecnológicos punteros a nivel internacional tiene un gran impacto sobre los resultados obtenidos

(Phan et al., 2005) destaca la necesidad de realizar estudios de valoración de los parques científicos a nivel emprendedor ya que las decisiones tomadas tiene implicaciones importantes sobre los resultados generales del parque científico. Sugiere que en el *portfolio* de los emprendedores pueden incluirse varios emprendimientos tecnológicos simultáneos, y

[3] El autor refiere la estrecha vinculación entre el parque científico de Singapur y los centros tecnológicos punteros a nivel internacional, como SIlicon Valley, a través de la comunidad de emprendedores taiwaneses de EE.UU

desestimarlos o incentivarlos a través de fusiones y/o adquisiciones en función de su evolución.

4. FACTORES DE INNOVACION EN LAS EMPRESAS

4.1. El concepto de innovación organizacional

El cambio tecnológico es una de las principales ventajas competitivas con las que cuenta la empresa y se convierte en una parte explicita de la estrategia general de la empresa (Forrest, 1990). La ventaja competitiva de las empresas tecnológicas se apoya en su liderazgo tecnológico y su principal fortaleza está asociada a las etapas de investigación y desarrollo del proceso de innovación. A través de esta innovación las empresas tecnológicas pueden acceder en la venta de sus productos y/o servicios a mercados de exportación más diversificados que sus contrapartes con tecnologías tradicionales, tienen más posibilidades de sobrevivir y pueden obtener mayores márgenes de beneficio (Westhead & Batstone, 1996).

Según (McDermott & Colarelli G, 2002), la innovación en la empresa se define como una nueva tecnología o combinación de tecnologías que ofrecen beneficios significativos. Cabe destacar que esta definición no delimita el grado de partida de tecnologías y practicas existentes. (Damanpour, 1992) entiende la innovación organizacional como aquella capacidad de la empresa de introducir cambios y mejoras en los procesos de la organizaciones, las empresas pueden transformar el conocimiento que poseen en cambios significativos en los procesos internos o en el desarrollo de nuevos productos para lanzar al mercado. (O'Regan & Sims, 2008) interpreta la innovación como un proceso dinámico que involucra múltiples actores que interaccionan y cooperan, incluyendo cambios en las tecnologías subyacentes, en la sociedad y en los modelos de negocio.

Las capacidades de la empresa son un complejo paquete de habilidades y conocimientos acumulados que capacitan a las empresas a coordinar actividades y a hacer uso de sus activos. Entre estas capacidades cabe destacar la capacidad de combinar conocimiento o capacidad de absorción, que se define como el grupo de rutinas organizacionales y procesos estratégicos a través de los cuales las empresas adquieren, asimilan, transforman y aplican su conocimiento (Zahra, 1996). Sin embargo, estas capacidades no son homogéneas y se debe tener en cuenta que cada negocio desarrolla su propia configuración de capacidades (D. J. Teece et al., 1997).

La relación entre conocimiento y resultados empresariales tiene una fuerte base empírica enfocada en la habilidad de la empresa para crear, usar y desarrollar activos basados en conocimiento. Tal como indican (Rosenbusch, Brinckmann, & Bausch, 2011), una orientación organizacional hacia la innovación presenta mayores beneficios para la empresa que él solo desarrollo de productos innovadores. La innovación organizacional puede llevar a la empresa a plantearse objetivos más ambiciosos, mediante la localización de los recursos en áreas donde se puede crear más valor, e inspirar y estimular la cultura organizacional. El grado de innovación difiere entre las empresas, mientras en algunas empresas es una actividad marginal, en otras es un aspecto fundamental. En este segundo caso la política corporativa se focalizará en potenciar el clima y los procesos de innovación buscando alcanzar la máxima efectividad y eficiencia (Ramanujam & Mensch, 1985).

Es conocido que la innovación y el cambio tecnológico no pueden llevarse a acabo de forma exitosa si no existe una estratégica y si no se cuenta con la dirección y el firme apoyo del equipo directivo de la empresa (Ramanujam & Mensch, 1985). A pesar de lo cierto de esta afirmación, encontramos que en muchas organizaciones, la gestión de la innovación es a menudo informal, con falta de foco, inestable y poco comprometida. Las iniciativas que dominan este proceso generalmente son *botton up,* con algunas intervenciones *top down* para guiar la selección de las líneas de mayor potencial, cabe destacar, sin embargo, que muchos directores de I+D rechazan las intervenciones directas de gerencia.

Las fuentes primarias de innovación son muy diversas, tal como indica (M. Rogers, 2004), pueden provenir de la investigación formal, sugerencias de clientes, observación del entorno, creatividad de los empleados u otras fuentes. En una segunda etapa del proceso innovador, la empresas necesita evaluar estas ideas desde un punto de vista tecnológico y económico, y finalmente, aquellas ideas que parezcan económicamente y tecnológicamente viables recibirán una inversión adicional en I+D antes de que puedan integrarse en los procesos productivos de la empresa, y ser lanzados al mercado. Este proceso no debe considerarse lineal, ya que existes importantes retroalimentaciones (*feed backs*) en las diferentes etapas.

(Rosenbusch et al., 2011) identifican cuatro limitantes a la innovación en las empresas. Indicando que estos impedimentos son mayores para las empresas con rutinas ya establecidas que para las nuevas empresas, más flexibles y ágiles. La primera es el principio de inercia por el cual el personal es propenso a proteger las prácticas y rutinas existentes. La segunda es que aunque las innovaciones se originan a un nivel personal, es necesario que sean entendidas y aceptadas por toda la organización. La tercera es que varios grupos funcionales necesitaran hacer un esfuerzo coordinado para vincular las diferentes partes del proceso en una unidad, y por último, la aceptación de la innovación y la transformación de la estructura y prácticas existentes requieren de una dirección estratégica.

Según (Peneder, 2010) podemos distinguir tres tipos de empresas en función de su capacidad innovadora. La primera corresponde a las empresas que llevan a cabo innovaciones radicales a través de la creación de nuevos productos y/o procesos. El segundo y tercer grupo corresponden a las empresas que llevan a cabo comportamientos adaptativos, distinguiendo entre el grupo de los adoptadores de tecnología, que son aquellas empresas que incorporan una innovación de producto que es nueva en la empresa pero no en el mercado, en un proceso innovador principalmente en cooperación con otras empresas o instituciones, y el resto de las empresas que persiguen oportunidades no tecnológicas.

La innovación se interpretan como un factor que beneficia al *performance* de la empresa a través de la creación de ventajas competitivas y nuevos modelos de negocio (Calantone, Cavusgil, & Zhao, 2002). Las empresas más innovadoras pueden responder a los cambios en el entorno de forma rápida y eficiente desarrollando nuevas capacidades (Maria Ruiz-Jimenez & del Mar Fuentes-Fuentes, 2013). Sin embargo, no todas las innovaciones son iguales y obtienen el mismo resultado en la empresa, pudiendo distinguir entre innovación de producto y de proceso y radical o incremental. Otro aspecto importante a determinar es si estas innovaciones se desarrollan a través de actividades internas o externas y si significan un incremento de la calidad o bien de la variedad de productos. Respecto a los ingresos obtenidos a través de la comercialización de estas innovaciones deberemos considerar si el incremento de los ingresos se debe a un aumento en el precio o bien en la cantidad.

Algunos autores como (Oke, Burke, & Myers, 2007) centran sus estudio sobre las invocaciones incrementales y radicales e investigan su impacto sobre la *performance* innovadora y económica de la empresa. Destaca que las herramientas y técnicas asociadas a una buena gestión de innovaciones incrementales no resultan adecuada para la gestión de innovaciones radicales. La forma tradicional de gestionar los proyectos basada en planificar y controlar recursos en base a objetivos fijados, con un esquema de trabajo definido y un presupuesto asignado, no resulta útil en entornos inciertos y con cambios a gran escala. Estos autores llegan a la conclusión de que las pymes de sectores tradicionales que se focalizan en innovaciones incrementales obtienen mayor crecimiento en ventas que las que lo hacen en innovaciones radicales en producto.

Otros autores como (Wolf, 1994) y (Vaona A & Pianta, 2008), focalizan su estudio en la repercusión que las innovaciones, en proceso o en producto, tienen sobre el *performance* de la empresa. (Wolff & Pett, 2006) afirma que las innovaciones en producto tienen mayor influencia sobre el crecimiento y los beneficios de la empresa que las innovaciones orientadas a la mejora de procesos.

Autores como (D. J. Teece et al., 1997) y (Su, Xie, Liu, & Sun, 2013) destacan que a pesar de que la innovación en producto es una herramienta fundamental para competir en el mercado, muchas de las empresas innovadoras fracasan en obtener beneficios de estas innovaciones. Esta inconsistencia en los resultados demuestra que pese a que las innovaciones en producto generan beneficios, no todas las empresas innovadoras son capaces de beneficiarse de ellos y obtener una ventaja competitiva. La comercialización del producto innovador requiere de la utilización correcta de una serie de capacidades internas de la empresa, además de la tecnológica.

La innovación en producto puede ayudar a la empresa a ganar cuota de mercado y crear barreras de entrada (Chandy & Tellis, 2000) y tiene una relación positiva con el *performance* de la empresa, sin embargo (Su et al., 2013) indican claramente la posibilidad de un efecto negativo de la capacidad tecnológica sobre el *performance* económico de la empresa. Paradójicamente, una elevada capacidad tecnológica puede influenciar negativamente, especialmente en el caso de Pymes, ya que la obtienen a expensas de otras capacidades.

La capacidad tecnológica generalmente requiere de una asignación elevada de recursos, al ser estos limitados, cuantos más recursos se asignen a la capacidad tecnológica menos restaran para la comercialización del producto innovador, lo que disminuirá la probabilidad de obtener beneficios en el mercado de la innovación. Una asignación deficiente de fondos al departamento de *marketing* dificultará una introducción exitosa en el mercado del producto. Este autor afirma que el efecto de la capacidad tecnológica en la relación entre innovación en producto y beneficio económico es negativo, para un determinado tamaño de empresa.

La innovación en procesos generalmente está asociada a mejoras en la producción y reducción de costes de fabricación, incrementa los beneficios de la empresa y genera ventajas competitivas difíciles de imitar (Gopalakrishnan & Bierly, 2006). Cabe destacar que las grandes empresas presentan una clara ventaja en la innovación de procesos, ya que a través de economías de escala pueden repercutir los costes de la innovación sobre mayores producciones. De hecho, aunque los dos tipos de innovación están estrechamente relacionados y en muchos casos los encontramos juntos, son el resultado de procesos independientes, persiguiendo objetivos distintos a través de medios diferentes (Vaona & Pianta, 2008).

Si comparamos la importancia que tiene para las empresas la innovación en producto frente a la innovación en proceso, encontramos que la media destina el 60% de sus inversiones en I+D en desarrollo de producto, el 30% en innovación de procesos y el 10% en desarrollar servicios de innovación. Dentro del desarrollo de nuevos productos la mayoría de las empresas se centran en nuevos desarrollos o mejoras para mercados existentes, sin embargo, las empresas más pequeñas tienden a ser más agresivas dirigiendo sus esfuerzos principalmente a crear nuevos productos para nuevos mercados (Ramanujam & Mensch, 1985).

Según indica (Vaona A & Pianta, 2008), las innovaciones en producto generalmente están asociadas a la búsqueda de competitividad tecnológica, las pequeñas empresas la utilizan para dirigirse a nichos de mercado y las grandes empresas para controlar mercados nuevos y dinámicos. La innovación en proceso, principalmente emerge de una estrategia de competencia activa en precios dominada por una búsqueda de eficiencia. El incremento de la productividad, se consigue generalmente a través de la adquisición de nueva maquinaria o a la optimización de costes mediante la reestructuración.

Este concepto se ve reafirmado por los trabajos de (Gopalakrishnan & Bierly, 2006) donde demuestra que los procesos de innovación en producto y en proceso siguen diferentes trayectorias y no necesariamente tienen los mismos determinantes. Sin embargo, la innovación en producto y proceso son interdependientes y están estrechamente vinculadas (Nizar Becheikh, Landry, & Amara, 2006).

Innovación radical e incremental

La primera referencia en la bibliografía sobre tipos de innovación a nivel empresa se debe a Schumpeter. Este autor distingue entre respuesta creativa y comportamiento adaptativo, definiendo innovación como la respuesta creativa que lleva a una empresa a hacer algo que esta fuera del rango de la práctica actual. Distingue cuatro tipos de innovación: nuevos productos, nuevos procesos, nuevos mercados y nuevas formas de organización industrial. En contraste con la innovación, la respuesta adaptativa se define como la simple reacción a los cambios en las condiciones exógenas del negocio.

Según indica (J A Schumpeter, 1949) las innovaciones radicales son la base de nuevas trayectorias y paradigmas tecnológicos y son una pieza importante en el proceso de creación destructiva en la cual las tecnologías y aproximaciones existentes son reemplazadas por nuevas tecnologías y productos. Las innovaciones radicales son un mecanismo de crecimiento económico importante y el *core* de la actividad emprendedora y de la creación de riqueza. Este tipo de innovaciones han creado nuevos sectores y han hecho desaparecer empresas referentes, catapultado a pequeñas empresas a posiciones líderes de mercado.

En el estudio de (Chandy & Tellis, 2000) identifica a las empresas que llevan a cabo innovaciones disruptivas, definiendo como innovación de producto radical aquel nuevo producto que incorpora una tecnología *core* sustancialmente diferente y que aporta altos beneficios al consumidor en comparación con las opciones existentes en el mercado. Una empresa innovadora radical es aquella que primero comercializa el producto innovador disruptivo.

Las innovaciones radicales requieren de nuevas habilidades, niveles de conocimiento de mercado, cambios en las rutinas y sistemas de la empresa asociados a estos nuevos procesos valiosos para la organización. El nuevo producto o proceso debe ser distinto a las actividades existentes actualmente dentro de la empresa y las vías de comercialización del producto no deben de ser paralelas a las ya utilizadas por la empresa (Peneder, 2010).

(McDermott & Colarelli G, 2002), identifican cuatro condiciones para que una innovación pueda considerarse radical; debe existir un riesgo tecnológico, una inexperiencia técnica y de negocios y un coste tecnológico. Las innovaciones disruptivas generalmente son a largo plazo, más de diez años y requieren de grandes inversiones de capital. Son procesos impredecibles que dan como resultado numerosas paradas y reinicios hasta que el proyecto es finalmente comercializado. Sin embargo, no todas las empresas están preparadas para llevar a cabo innovaciones disruptivas, principalmente, en función del tipo de gestión empresarial. Las herramientas y técnicas tradicionales asociadas a una buena gestión de una innovación incremental no resultan útiles en este entorno incierto y con cambios a gran escala.

(McDermott & Colarelli G, 2002) define un nuevo concepto, *stretching,* como el hecho de mover la empresa hacia una nueva dirección, tecnológicamente o a través de los mercados. Este concepto no es estrictamente mejorar las competencias de la empresa, pero requiere de la creación de nuevas habilidades y conocimientos dentro de la empresa. Es uno de los conceptos fundamentales asociado a la capacidad de realizar innovaciones radicales y es lo que diferencia a las empresas que son capaces de ir más allá de mejorar o destruir.

Un concepto opuesto pero que también utilizado por las empresas presentes en el mercado que llevan a cabo innovaciones radicales es el *spinning out* de las innovaciones disruptivas, es decir crear nuevas empresas independientes para desarrollar esta innovación, sin embargo, esta estrategia es contraria al *stretching* al debilitar el desarrollo y crecimiento de las competencias internas de la empresa a largo plazo.

Figura 4.1. **Riesgo asociado a la introducción de una innovación**

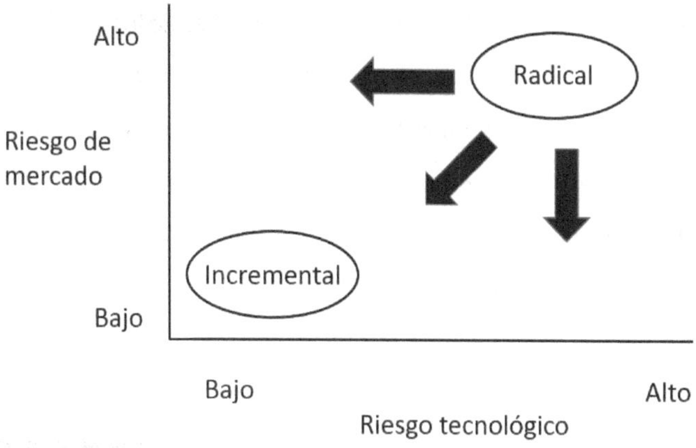

Fuente: (McDermott & Colarelli G, 2002)

Según observamos en el cuadro anterior, las innovaciones radicales que se sitúan en el cuadrante de alto riesgo tecnológico y de mercado requieren de principios, habilidades y tácticas de *marketing* diferentes a las llevadas a cabo en los otros tres cuadrantes. Este hecho es especialmente importante para las empresas ya establecidas en el mercado.

Tal como indica (McDermott & Colarelli G, 2002), el proceso de creación de innovaciones radicales en una organización es muy diferentes a los procesos incrementales, pero son fundamentales para el éxito a largo plazo de las empresas. A pesar de su importancia, a menudo, es difícil obtener apoyo para este tipo de proyectos en empresas consolidadas (*incumbent firms*), donde la cultura interna y las presiones a menudo empujan a la empresa hacia proyectos con innovaciones incrementales de menor riesgo y retorno a corto plazo.

La principales fuentes de conocimiento, en la dinámica de creación de innovaciones radicales, difiere en función del tamaño dela empresa. (Acs Z.J. et al., 1994) identifica que los *spillovers* procedentes de los laboratorios de investigación de las universidades y de los departamentos de I+D de grandes empresas es el más importante en la generación de innovación radical en las pequeñas empresas. En el caso de las grandes empresas se evidenció que el I+D corporativo es la principal fuente de innovación, así como los contratos de transferencia de tecnología con las universidades (Siegel et al., 2003).

Si nos centramos en el desarrollo de nuevos productos disruptivos, pequeñas y grandes empresas destacan en el proceso por diferentes razones. Las grandes empresas tienen un mayor control sobre el entorno, mayores habilidades en *marketing*, poder de negociación con los proveedores, distribuidores y agencias de regulación, más experiencia en desarrollo de productos y más recursos para desarrollar las capacidades tecnológicas necesarias. Sus desventajas generalmente incluyen tener una estructura más burocrática, menos flexibilidad, una elevada inercia en las trayectorias establecidas y un menor compromiso gerencial con la innovación. Por otra parte, las pequeñas empresas pueden ser más agiles y flexibles y adaptarse mejor al entorno exterior, ser capaces de mantener una mejor comunicación interna al poseer estructuras más simples con menos jerarquía y burocracia y ser más receptivas al cambio, pero generalmente tienen la desventaja de contar con menos recursos, no tener acceso a activos complementarios como una marca reconocida en el mercado o acceso a los canales de distribución, y estrategias más pobres de *marketing* (Gopalakrishnan & Bierly, 2006). Tanto la especialización como la flexibilidad son importantes en el proceso de innovación, sin embargo su significado es diferente dependiendo de si se tratan de procesos de innovación incrementales o disruptivos.

En el estudio realizado por (Ramanujam & Mensch, 1985) no se encontró un clara relación entre tamaño de empresa y tipo de innovación, el único hallazgo interesante es la disminución de las inversiones asociadas a desarrollo de nuevos productos en las empresas de mediano tamaño. Tampoco existe una clara relación entre edad y tipo de innovación, en el trabajo realizado por (Oke et al., 2007) no se pudo demostrar una relación directa entre edad y tipo de innovación incremental o disruptiva.

4.2. Empresas tecnológicas: New technology firms (NTBF) vs. incumbent firms

Al hablar de empresas de base tecnológica, cabe destacar la importancia que les dan los gobiernos como un elemento esencial en el desarrollo de la economía a nivel nacional y regional basándose en su contribución directa e indirecta a la creación de riqueza y la generación de puestos de trabajo (Westhead & Storey, 1995). La intervención pública a favor de las empresas de base tecnológica se apoya en el hecho de que estas empresas son una de las mayores fuentes de innovación tecnológica, muchas de ellas radicales, basadas en aproximaciones técnicas no convencionales que refuerzan la competitividad tanto de pequeñas como grandes empresas. Las innovaciones disruptivas generadas en las empresas tecnológicas desafían paradigmas tecnológicos existentes dominados por grandes empresas y líderes establecidos en el sector, y tienen el potencial de revolucionar sectores abriendo nuevos segmentos de mercado. Los beneficios que obtiene la sociedad de su actividad innovadora supera con creces los fondos asignados a este tipo de emprendimientos (R. P. Oakey, 2003) y (Colombo & Delmastro, 2002).

Respecto a la relación entre tamaño de empresa y comportamiento innovador, debemos referirnos a la primera clasificación realizada en la teoría de la innovación presentada por Schumpeter en *"The Theory of Economic Development"* (J A Schumpeter, 1934) donde tipifica el modelo de innovación *Mark I* y la revisión posterior presentada en *"Capitalism, Socialism and Democracy"* (Joseph A Schumpeter, 1942) en la que identifica el modelo *Mark II*. Estos dos modelos de innovación vienen marcados por el comportamiento de las empresas. En el modelo *Mark I* el comportamiento innovador esta principalmente generado por la actividad emprendedora y la creatividad de las nuevas y pequeñas empresas y en el modelo *Mark II* la innovación se genera en la actividad formal de I+D en las grandes empresas establecidas en el mercado.

El comportamiento *Mark I* representa un modelo de acción expandido donde las innovaciones surgen de pequeñas empresas, se trata de un mercado inestable y la posibilidad de que aparezcan nuevas empresas innovadoras es alta. El comportamiento *Mark II* corresponde a un modelo de acción en profundidad, la concentración de las actividades innovadoras es superior al primer grupo, las empresas innovadoras son económicamente importantes, la estabilidad de las empresas en el mercado es elevada y la probabilidad de entrada de nuevas empresas es baja (Malerba & Orsenigo, 1996).

Al modelo *Mark I* también se le ha dado el nombre de *widening,* ya que continuamente está creciendo con la incorporación de nuevas empresas innovadoras, erosionando las ventajas competitivas y tecnológicas de las empresas ya establecidas. Al modelo de innovación *Mark II* también se le llama *deepening,* en este caso, relacionado con el domino de mercado de pocas empresas que innovan continuamente acumulando en el tiempo nuevas capacidades innovadoras y tecnológicas.

La teoría de la inercia sugiere que las grandes empresas tienen menos posibilidades de introducir innovaciones radicales y a la vez estas empresas tienen mayores recursos financieros y técnicos, creando una paradoja en el papel que juega el tamaño de la empresa en el proceso de generación de innovaciones radicales. Este conflicto se identificó en los trabajos de

(Joseph A Schumpeter, 1942) y continua todavía sin resolver (Chandy & Tellis, 2000).

La teoría de dinámicas complementarias postula que tanto las grandes como las pequeñas empresas tienen ventajas en la innovación (Rothwell, 1983) y aunque aparentemente, no exista una relación clara entre tamaño de empresa y grado de innovación, los estudios empíricos demuestran que pequeñas y grandes empresas poseen diferentes determinantes de la innovación (Sørensen & Stuart, 2000). Las ventajas en la innovación de las grandes empresas se basan en las economías de escala asociadas a una mayor capacidad financiera, tecnológica y de producción. Las empresas pequeñas tienen fortalezas difíciles de replicar por una gran empresa, incluyendo el dinamismo emprendedor, la flexibilidad interna, la rapidez de respuesta ante situaciones cambiantes y la especialización, ventajas que contribuyen a una alta eficiencia en la innovación.

Parece, por lo tanto, que el tamaño de la empresa es una variable que influye en la presencia y naturaleza de las prácticas innovadoras. Aunque los dos tipos de empresas son innovadoras, las empresas pequeñas utilizan mecanismos más informales y pueden beneficiarse al poder adaptarse más rápidamente que las grandes empresas a los cambios del entorno, debido a su agilidad, inexistencia de jerarquías y rapidez en la toma de decisiones. Las grandes empresas, sin embargo, tienen mayor capacidad para absorber los errores, un error en un nuevo producto en una pequeña empresa puede ser difícil de sobrellevar (Rosenbusch et al., 2011).

La edad de la empresa también influye en el desarrollo de la innovación y está relacionada con la naturaleza de los recursos, mientras que las nuevas empresas se valen de recursos menos especializados pero flexibles, las empresas maduras cuentan con recursos especializados que las capacita a poder operar con eficiencia en condiciones de mercado establecidas. En las empresas maduras reconfigurar la estructura empresarial en función de la innovación puede resultar más costoso y lento que en las nuevas empresas.

Los estudios realizado por (Koberg et al., 1996) con respecto al grado de estructuración de las empresas determina que jóvenes empresas estructuradas son menos innovadoras que las más informales, mientras que para las empresas maduras la formalización no tiene impacto negativo sobre la innovación. Una explicación posible seria que las jóvenes empresas poseen personal más emprendedor cuya habilidad innovadora se ve inhibida en estructuras formales, situación que no parece influir en el personal más veterano de las grandes empresas.

Diversos autores argumentan que las nuevas empresas tecnológicas son el motor del cambio tecnológico y de la actividad innovadora, al menos en ciertos sectores (Acs Z.J. et al., 1994), pero a la vez la innovación en pequeñas empresas exhibe unas características propias que hace que los indicadores tradicionales de innovación no puedan captarlas, incurriendo en el riesgo de subestimar su esfuerzo innovador. De hecho, la innovación ocurre, muchas veces, sin necesidad de realizar inversiones formales en I+D y el conocimiento actual sobre las vías que utilizan las pymes para llevar a cabo esta innovación continua siendo muy limitado (Hall, Lotti, & Mairesse, 2009).

La utilización del modelo lineal para el estudio de las empresas tecnológicas y la forma en que interactúan con el entorno, a través de llevar su producto/innovación al mercado sobresimplifica la variedad de contribuciones que una empresa tecnológica puede aportar a una economía nacional o regional. Las nuevas empresas tecnológicas se pueden ver como una forma de transferir tecnología, no solo entre las instituciones de investigación públicas (*parent organisation*) y la industria, sino también entre los diferentes clústeres en la industria (E Autio, 1994).

La estrategia de internacionalización es otro aspecto importante a tener en cuenta en las empresas tecnológicas, teniendo en cuenta que la protección por patentes es irregular y que en un corto periodo de tiempo pueden aparecer imitaciones en el mercado, la amortización de la inversión realizada en una innovación depende principalmente de la posibilidad de explotarla comercialmente en un relativamente corto espacio de tiempo. A través de la internacionalización las empresas tecnológicas realizan este acelerado *time-to-market* del producto y/o tecnología antes de que se cierre la ventana tecnológica (Karagozoglu & Lindell, 1998). Cualquier ventaja asociada a una tecnología tiene naturaleza transitoria ya que se trata de un activo perecedero, especialmente cuando depende de las habilidades y conocimientos de científicos clave (*key scientits)* (Forrest, 1990).

En la literatura se identifican diferencias importantes en el comportamiento innovador de las empresas tecnológicas, en función de su tamaño y posicionamiento en el mercado. Se distinguen, principalmente, dos tipo de empresas que llevan a cabo innovaciones radicales, las *incumbent firm,* empresas que está posicionada en el mercado y fabrica y vende los productos de la generación anterior al producto innovador radical (Chandy & Tellis, 2000) y las nueva empresa tecnológica (NTBF), definiéndola como aquella empresa tecnológica que a menudo es pequeña, independiente y joven, cuya idea de negocio esta esencialmente basada en la explotación de un conocimiento avanzado tecnológicamente, desarrollado o adquirido. Estas segundas empresas centran su ventaja competitiva en su liderazgo tecnológico y su principal fortaleza está asociada a las etapas de investigación y desarrollo del proceso de innovación.

Incumbent firms

La definición de *incumbent firm* involucra dos variables, tamaño y edad. El hecho de referirse a empresas consolidadas en el mercado significa que no son empresas de reciente posición y han logrado posicionar sus productos en el mercado lo que significa haber alcanzado un nivel de ventas y por lo tanto un determinado tamaño.

Una percepción común es que las grandes empresas consolidadas en el mercado rara vez introducen productos disruptivos y que tienden a consolidar su posición a través de innovaciones incrementales introduciéndose las innovaciones radicales a través de nuevas empresas tecnológicas. Sin embargo, recientes investigaciones sugieren que las empresas establecidas pueden realmente introducir productos innovadores disruptivos en el mercado en mayor medida de lo que generalmente se reconoce y en algunos sectores, incluso pueden dominar el proceso de innovación (Ahuja & Lampert, 2001). Estas empresas son capaces de crear rutinas que les permiten generar descubrimientos tecnológicos significativos, reinventarse continuamente y mantener el liderazgo tecnológico en su sector. Sin embargo, según indica (Sørensen & Stuart, 2000), las capacidades innovadoras innatas de las empresas ya establecidas están generalmente mejor adaptadas para producir innovaciones incrementales en trayectorias tecnológicas ya existentes, y en periodos de cambios tecnológicos radicales a menudo son incapaces de adaptar sus actividades para incorporar nuevos avances tecnológicos.

Dos han sido los argumentos que justificaban el efecto positivo del tamaño sobre la innovación. (1) Las grandes empresas tienen más recursos para innovar y financiar el riesgo tecnológico que las pymes (Damanpour, 1992), y (2) las grandes empresas pueden beneficiarse de las economías de escala en I+D, producción y *marketing*.

Las ventajas asociadas a las grandes empresas están relacionadas con su nivel de producción, capacidad productiva, estrategias de *marketing* y capacidad financiera que les permite explotar rápidamente una tecnología. El argumento de que las grandes empresas pueden ser más eficientes en I+D y obtener más rápidamente economías de escala de la innovación, se contrapone al hecho de que el control burocrático de la estructura puede hacer desaparecer parcialmente o incluso totalmente estas ventajas latentes. (Nelson & Winter, 1982) afirma que lo que favorece a la innovación es el tamaño *per se* y no el poder de mercado de estas grandes empresas.

La diversificación en la cartera de proyectos que llevan a cabo las grandes empresas, puede ser asumido por este tipo de empresas ya que cuentan con mayor liquidez y volumen de activos para poder financiar la innovación, y un mayor volumen de ventas que les permite repercutir más fácilmente los costes fijos asociados a la inversión en I+D en el precio de venta del producto (economías de escala). Una facturación más elevada también les permite el acceso a un más amplio rango de conocimiento y la contratación de personal mejor capacitado (M. Rogers, 2004).

Sin embargo otros autores (Audretsch & ACS Z.J., 1988), (Cohen & Levinthal, 1989) afirman que las grandes empresas tienden a no realizar innovaciones radicales por la teoría de la inercia. El factor principal que contribuye a esta inercia es el número de empleados. El número de empleados dificulta la gestión de las grandes empresas, ya que desarrollan distintos niveles administrativos y reglas formales de comunicación para adaptarse a la situación. Una idea que pueda dar lugar a una innovación radical, en una gran empresa, debe ser aceptada por un mayor número de niveles administrativos y puede encontrarse con mayor resistencia burocrática para ser aprobada. En casos extremos estos impedimentos pueden frustrar la innovación y llevar al emprendedor interno a buscar soporte fuera de la empresa o crear su propia empresa.

Las competencias *core* que forman parte del conocimiento colectivo de las organizaciones, tales como coordinar diversas habilidades de producción e integrar múltiples fuentes de transmisión de tecnología, están directamente relacionadas con el proceso de extensión incremental de su línea de productos (McDermott & Colarelli G, 2002).

Las empresas *incumbent firms* poseen rutinas que han sido exitosas en situaciones de crisis y que son replicadas y perpetuadas, siendo descartadas o modificadas aquellas que fueron fallidas. Este tipo de empresas desarrollan rutinas organizacionales y procesos para realizar las tareas repetitivas de fabricación y distribución de grandes volúmenes de producto de forma eficiente. En el departamento de I+D estas prácticas se dirigen a desarrollar de forma eficiente las innovaciones incrementales basadas en la tecnología actual. Con el tiempo, este proceso de seleccionar rutinas exitosas de improductivas asegura que las empresas pueden beneficiarse de una coherencia interna y externa, pero estos atributos pueden limitar la efectividad de la empresa para crear innovaciones disruptivas (Ahuja & Lampert, 2001). Estas rutinas pueden resultar ineficientes para desarrollar productos radicalmente innovadores que requieren de una tecnología substancialmente diferente y del desarrollo de nuevos procesos difíciles, costosos y arriesgados.

En el estudio de (McDermott & Colarelli G, 2002) se constata el hecho de que las grandes empresas a menudo utilizan las practicas que les funcionan para el desarrollo de sus proyectos de innovación incremental en proyectos de innovación radical, sin embargo los resultados del estudio muestran que las prácticas incrementales resultan disfuncionales y que se deben de crear diferentes reglas para gestionar los dos tipos de innovación. El desarrollo de innovaciones radicales dentro de las grandes empresas requiere de un mecanismo de incubación interno que permita la transición del I+D a la nueva unidad de negocio.

Finalmente, la necesidad de establecer un mecanismo de control para cumplir los objetivos especificados conduce a estas empresas a crear estructuras y procesos burocráticos, ya que la retención de estas rutinas refuerza la fiabilidad, especialización y control y permite a la organización crecer en una situación estable. Estas estructuras que favorecen la estabilidad llevan a la empresa a buscar las nuevas soluciones en dominios próximos a la tecnología conocida quedando poco exploradas otras áreas que podrían ser eventualmente más efectivas pero con mayor riesgo.

Las prácticas que en las grandes empresas aseguran producciones y resultados confiables también conllevan formalización y burocratización, y en algunos casos incluso la desaparición de la empresa si el entorno en el que se encuentra se deteriora (Sørensen & Stuart, 2000).

El concepto de paradigma tecnológico nos ayuda a entender la dinámica innovadora de las *incumbent firms*, sin embargo, las empresas sobresalientes también actúan fuera de los paradigmas tecnológicos establecidos, identificando oportunidades y promoviendo el uso de nuevas tecnologías y recursos para crear "nuevas combinaciones". Este concepto nos permitiría diferenciar entre aquellas empresas ya establecidas que llevan a cabo innovaciones incrementales y las que son capaces de realizar innovaciones disruptivas.

La estructura de las grandes empresas provoca que la promoción laboral se produzca por una eficiencia en la gestión y consecución de objetivos, teniendo el personal, menos incentivos para desarrollar innovaciones radicales. Aquellos que progresan en el entorno caótico de las innovaciones radicales, enfrentándose a incertidumbre y riesgo, generalmente son externos a la estructura de las grandes empresas. Otra barrera asociada al tamaño es el hecho de los grupos de decisión aumentan con el tamaño de la empresa por lo que las aportaciones individuales se diluyen, teniendo las ideas innovadoras radicales menos posibilidades de ser tenidas en consideración. Las grandes empresas tienen más dificultades que las pequeñas empresas para aportar el entorno de alto riesgo y receptividad necesario para el desarrollo de innovaciones radicales (Chandy & Tellis, 2000).

La mayoría de los trabajos vinculan el comportamiento innovador de la empresa al tamaño y hay pocos estudios que lo relacionen con la edad. (Oke et al., 2007) no encuentra una relación directa entre la edad de la empresa y si el tipo de innovación que lleva a cabo es incremental o radical, sin embargo un aspecto fundamental en el desarrollo de innovaciones radicales es la red de contactos profesionales entre investigadores, (Gopalakrishnan & Bierly, 2006) demuestra que son las empresas más jóvenes las que tienen mayores ventajas en este aspecto.

Desarrollar un comportamiento emprendedor, dentro de la estructura de una gran empresa puede significar un importante aporte para el rejuvenecimiento de la organización, y una posibilidad de mantenerse en el mercado. Las invenciones disruptivas significan una rara, valiosa y potencialmente inimitable ventaja competitiva (Barney, 1991).

Una de las estrategias llevadas a cabo por las grandes empresas para ser capaces de mantener entornos organizacionales innovadores más parecidos a los que consiguen las pequeñas empresas, es la creación de unidades de negocio autónomas, con capacidad de decisión sobre sus líneas de negocio y responsabilidad sobre sus pérdidas y beneficios. Las *incumbents firms* están dispuestas a respaldar estas innovaciones radicales ya que las visualizan como una oportunidad y no como una amenaza a las líneas de productos ya presentes en el mercado. Esta práctica de descentralización se extendió a partir de 1950s y disminuyó el nivel de burocratización de estas empresa (Chandy & Tellis, 2000).

La introducción exitosa de una innovación radical en el mercado puede requerir elevadas inversiones. La razón es que los avances tecnológicos hacen cada vez más complejos tecnológicamente los nuevos productos incrementando las inversiones en I+D, y elevado el nivel de inversión en *marketing* para la comunicación y promoción de las marcas ya presentes en el mercado. Ambos aspectos significan importantes barreras para las nuevas empresas. Sin embargo a pesar de estas dificultades, también existen algunas pequeñas empresas que desarrollan exitosamente e introducen innovaciones radicales en el mercado (Chandy & Tellis, 2000).

La teoría de S-curvas relacionada con la gestión de la tecnología, explica el origen y la evolución de las innovaciones radicales en el mercado. Esta teoría sugiere que las tecnologías evolucionan a lo largo de sucesivas S-curvas que dirigen la introducción de nuevos productos en el mercado (Chandy & Tellis, 2000).

La dinámica de introducción de nuevas tecnologías en el mercado presenta, en una primera etapa, una baja respuesta de mercado, seguida de un rápido crecimiento de las ventas y un estancamiento cuando la tecnología madura.

Figura 4.2. **Teoría de las S-curvas**

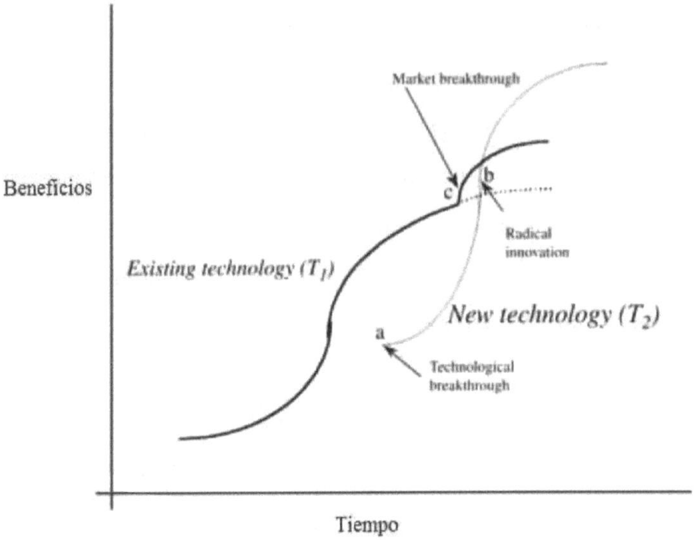

Fuente: (Chandy & Tellis, 2000)

Esta teoría, explica por qué las empresas posicionadas en el mercado perciben menores incentivos para introducir un producto innovador radical que las no posicionadas, la razón es principalmente económica ya que obtienen ingresos importantes de los productos basados en la tecnología actual, de los que las nuevas empresas tecnológicas no obtienen rentas. Como los productos innovadores radicales tienen el potencial de hacer obsoletos los actuales ponen en peligro las rentas obtenidas en la venta de los productos existentes.

Debido al miedo a una canibalización de los productos presentes en el mercado, muchas empresas establecidas frenan la comercialización de sus innovaciones el máximo tiempo posible, tal vez hasta que una nueva empresa tecnológica introduce esta línea de productos innovadores en el mercado. Esta empresa no busca ser la primera en comercializar esta nueva tecnología disruptiva pero cuando los productos basados en esta nueva tecnología entran en el mercado, las *incumbent firms* lanzan rápidamente su producto equivalente basado en esta tecnología. Su capacidad financiera y los recursos tecnológicos y de *marketing* les dan una clara ventaja frente a su ligeramente retardada entrada en el mercado. Esta afirmación se ve corroborada por recientes investigaciones (Chandy & Tellis, 2000) que indican que una considerable proporción de empresas líderes en sectores de alta tecnología están dispuestas a canibalizar sus propias inversiones para introducir productos innovadores radicales en el mercado. Sin embargo, no todas las empresas grandes consolidadas son capaces o están dispuestas a hacer la transición hacia una nueva tecnología personificada por un producto innovador radical.

Esta actuación de las *incumbent firms* en el mercado se debe, principalmente, a dos razones, la dinámica del clima organizacional y la fortaleza de su capacidad tecnológica. Existe una inercia al cambio y las empresas ya presentes en el mercado son reacias a incorporar innovaciones radicales. El estímulo de producir soluciones predecibles y fiables hace que las empresas centren sus esfuerzos en tecnologías maduras (Sørensen & Stuart, 2000), y el hecho de desarrollar una ventaja competitiva estable favorece la retención de rutinas que llevan a la empresa a un proceso de especialización más que de experimentación (Cohen & Levinthal, 1989). Sin embargo, cabe destacar que las *incumbent firms* poseen importantes capacidades tecnológicas que les permiten detectar los descubrimientos científicos en una etapa inicial y están en posición de perseguir aquellos que puedan dar como resultado una innovación radical. El reconocimiento de la marca y el poder de mercado también les facilitan el acceso al consumidor resultando más fácil el posicionamiento de un producto innovador radical. Cabe destacar también que las grandes empresas ya han desarrollado sus canales de comercialización a nivel internacional y puede ser la única estrategia comercial viable para explotar el potencial comercial de esta tecnología antes de que la ventana de oportunidad se cierre.

Nuevas Empresas Tecnológicas (NTBFs)

La nuevas empresas tecnológicas son elementos claves en el desarrollo económico regional y nacional, contribuyendo directa e indirectamente a la creación de empleo (Westhead, 1997a). Además, tal y como indica (Acs Z.J. et al., 1994) pueden mejorar la competitividad de las grandes y pequeñas empresas ya existentes. El desarrollo de nuevas empresas tecnológicas beneficia a la sociedad en general, promoviendo avances técnicos e incrementando los enfoques innovadores productivos (Cohen & Levinthal, 1989).

La primera referencia al término Nueva empresa tecnológica (NTBF) surgió de la consultora Arthur D. Little Group, en un estudio comparativo realizado en 1977, en el que la definía como una empresa Independiente, es decir no una subsidiaria de una empresa establecida, joven, con una antigüedad inferior a 25 años, e innovadora, es decir que su modelo de negocio se basa en la explotación de una inversión o innovación tecnológica que supone un riesgo tecnológico substancial. Las definiciones más restrictivas incluyen estos conceptos, pero cabe destacar que el único criterio común que comparten todas las definiciones es que se trata de una empresa donde "la idea de negocio de la compañía esta esencialmente basada en la explotación de un conocimiento avanzado tecnológicamente, desarrollado o adquirido en una fuente tecnológica" (E Autio et al., 1998).

Acorde a esta definición, destacamos la aportada por (Rickne & Jacobsson, 1999) en el estudio realizado sobre las nuevas empresas tecnológicas en Suecia. En este estudio se aplicó este término a una población de empresas mucho más amplia, flexibilizando los términos "nueva" y/o "tecnológica" y definiendo a una NTBFs como: "una empresa cuya fuerza y ventaja competitiva proviene de su *know how* en ciencias naturales, ingeniería o medicina y de las personas que están integradas en la empresa, con la subsiguiente transformación de estos conocimientos en productos o servicios dirigidos al mercado".

Las NTBFs promueven el dinamismo en economías avanzadas y son a menudo fuentes de innovaciones radicales basadas en aproximaciones tecnológicas no convencionales. Estas innovaciones retan los paradigmas tecnológicos establecidos por las grandes empresas líderes y tienen la capacidad de revolucionar sectores, abriendo nuevos segmentos de mercado.

Los datos empíricos sugieren que la mayoría de las empresas de base tecnológica son pequeñas compañías expertas y que la mayoría de ellas, incluso, no desean obtener rápidos crecimientos, sin embargo, su habilidad para crear y refinar el conocimiento tecnológico en función de su entorno las convierten en elementos fundamentales en el sistema tecnológico (Autio et al., 1998).

Otro importante rol que juegan las nuevas empresas tecnológicas está relacionado con mejorar la competitividad de las empresas existentes tanto pequeñas como grandes (Westhead & Batstone, 1996). Las investigaciones sugieren que el efecto primario de las nuevas empresas tecnológicas es un efecto de catálisis sobre las industrias nacionales, permitiendo la reasignación de recursos. Las NTBFs incrementan la flexibilidad de los sectores y provocan que las grandes empresas revisen sus prácticas al convertirse en elementos de las redes locales y nacionales.

Las nuevas empresas tecnológicas son un elemento fundamental en la diseminación de la tecnología a través de diferentes mecanismos de transferencia tecnológica al mercado. Destacamos, las redes externas de colaboración y su contribución funcional en el incremento de la producción, a través de los servicios de consultoría ofrecidos a las empresas ya presentes en un determinado sector (Laamanen & Autio, 1996). En el estudio realizado por (E Autio, 1994) se indica que las nuevas empresas tecnológicas operan principalmente como suministradores especializados y proveedores de servicios para medianas-grandes empresas en diferentes clústeres industriales. En vez de crecer de forma independiente a través del desarrollo de productos y venta al consumidor final, muchas NTBFs crecen como partes orgánicas de la red de proveedores de tecnología de las grandes empresas.

Según identifica (Chandy & Tellis, 2000) las nuevas empresas tecnológicas tienen dos opciones para desarrollar e introducir una innovación radical en producto en el mercado, la primera es desarrollarla a partir de los *spillovers* de investigación de organizaciones mayores, tales como universidades, centros de investigación o grandes empresas, y la segunda seria estar participada por una organización con capacidades técnicas y recursos financieros de los cuales ellos carecen. Esta segunda opción sería la más recomendable al ser más difícil de imitar y más sostenible.

Características diferenciales de las NTBFs

La evidencia europea muestra que en su conjunto, las empresas tecnológicas tienen un bajo riesgo, según demuestran los estudios realizados en Alemania (Licht & Nerlinger, 1998) y UK (Westhead, P. & Storey, 1995). (Mustar et al., 2006) reporta una tasa de mortalidad de NTBFs muy inferior al de las nuevas empresas en general.

Otra característica diferencial es el tamaño de estas empresas, los datos empíricos sugieren que la mayor parte de las nuevas empresas tecnológicas son pequeñas compañías expertas, y que la mayoría de ellas, incluso, no desean obtener rápidos crecimientos (E Autio et al., 1998). Un rápido crecimiento es un indicador de una amplia aceptación por el mercado de sus productos o servicios, sin embargo, el crecimiento es difícil de conseguir y la mayoría de las nuevas empresas tecnológicas continúan siendo pequeñas empresas muchos años después de su constitución. Un aspecto adicional asociado a la creación de estas nuevas empresas y su nivel de éxito, se debe al hecho de que esta nueva empresa tecnológica puede ser el resultado de una evaluación subjetiva errónea de las propias capacidades de los fundadores (Colombo & Grilli, 2010). En muchos casos las NTBFs entran en el mercado sin conocer exactamente su nivel de eficiencia, este hecho provoca la expulsión del mercado de las empresas ineficientes.

Hay que considerar que las nuevas empresas tecnológicas presentan ciertas ventajas respecto a las grandes empresas, tales como, mayor flexibilidad, velocidad y capacidad de identificación de oportunidades. Estas ventajas son especialmente importantes en el desarrollo de nuevos productos y emprendimientos ya que están en constante búsqueda de nuevas oportunidades y cambios de *status quo.* Sin embargo, la escasez de recursos y las limitaciones de capacidades asociadas a la estructura de una pequeña empresas les presentan una serie de retos. La gestión eficaz y eficiente del proceso de I+D y otras funciones y actividades, resultan más difícil de afrontar por las nuevas empresas tecnológicas dado que poseen estructuras informales, procesos técnicos y administrativos no sufrientemente desarrollados y no sistematizados, y a menudo un proceso de toma de decisiones intuitivo (Karagozoglu & Lindell, 1998), sin embargo, obtienen a menudo innovaciones exitosas.

Sus estructuras pequeñas y ágiles y una posición emprendedora de sus fundadores puede facilitar la actividad innovadora radical (Rosenbusch et al., 2011), reforzando su fortaleza tecnológica a través de alianzas con grandes empresas y manteniendo su relevancia en la investigación básica y aplicada a través de la publicación de artículos en revistas científicas (Gopalakrishnan & Bierly, 2006).

Respecto a la juventud de este tipo de empresas (Sørensen & Stuart, 2000) indica que no siempre es una ventaja, ya que la edad tiene un impacto positivo en la actividad innovadora asociado a la acumulación de experiencia. Así, las empresas con mayor edad innovan más frecuentemente y su innovación tiene mayor impacto que aquellas que provienen de empresas más jóvenes, tratándose principalmente de procesos incrementales. Sin embargo, se observa una tendencia a ser desplazadas en el liderazgo tecnológico por *start ups*, en el caso de innovaciones disruptivas. Sin embargo, las empresas de reciente creación aunque no cuentan con la experiencia previa de las empresas maduras presentan oportunidades únicas asociadas a la inexistencia de estas rutinas (Rosenbusch et al., 2011). Así los estudios realizados por (Love & Ashcroft, 1999) demuestra que aquellas empresas jóvenes que mantienen conexiones con fuentes externas de conocimiento y desarrollan una estrategia tecnológica enfocada a un nicho de conocimiento, optimizan su fortaleza tecnológica. Son empresas jóvenes que tienden a ser intensivas en I+D y mantener sus vínculos con la comunidad científica, siendo vital la relación creada con las universidades y otras empresas que llevan a cabo investigaciones en áreas similares de conocimiento.

Un punto a destacar es el hecho de que las nuevas empresas tecnológicas, generalmente, se crean por socios con un nivel de formación elevado, lo que implica que el nivel de capital humano sea superior al de muchas otras empresas de menor nivel tecnológico. El estudio realizado por (Storey & Tether, 1998) llega a la conclusión de que la supervivencia de la nueva empresa tecnológica depende más del capital humano que de las orientación tecnológica en sí misma.

La centralización del poder es otro de los aspectos que afecta a la innovación. La correlación positiva entre la centralización del poder y nivel de innovación es superior en las nuevas empresas que en las más antiguas, esto indica la importancia de que las *start ups* cuenten con un emprendedor con fuerte liderazgo, sin embargo a medida que la empresa crece y madura, esta persona debe ceder parte del control.

En cuanto a la estrategia de internacionalización, cabe mencionar que las nuevas empresas tecnológicas se dirigen normalmente a mercados nuevos y emergentes, generalmente nichos de mercados globales y diseminados a nivel mundial, lo que les obliga a una rápida internacionalización desde las primeras etapas de su vida. Las empresas coinciden en indicar que el mercado doméstico presenta oportunidades de crecimiento muy limitadas y por eso se plantean desde las primeras etapas estrategias de internacionalización.

Limitantes de las nuevas empresas tecnológicas

En los años 1970s y 1980s se crearon grandes expectativas asociadas a las nuevas empresas tecnológicas que el tiempo ha demostrado poco realistas. Estas empresas no se convirtieron en generadores automáticos de riqueza económica y de creación de nuevo empleo en la forma en la que pensaban los políticos. De hecho numerosos estudios demuestran que la mayoría de las nuevas empresas tecnológicas no desean crecer y el potencial de crecimiento referido a la facturación es menor de lo que se esperaba. Las nuevas empresas tecnológicas son empresas investigadoras donde se concentra tecnología pero se ha sobrevalorado su potencial de crecimiento (Rickne & Jacobsson, 1999).

Vale la pena destacar que a pesar de la contribución de las nuevas empresas tecnológicas a la economía, se identifican varias limitantes en su habilidad para desarrollar su potencial económico, entre las que destacamos deficiencias en su capacidad de gerenciamiento, dificultades de financiación y debilidades en el área de *marketing* y ventas (Löfsten & Lindelöf, 2002) (Monck, 1988). Otros autores (O'Regan & Sims, 2008) añaden, además, la dificultad de establecer contratos de colaboración con otras empresas a pesar de que las redes de conocimiento signifiquen uno de los principales activos de las nuevas empresas tecnológicas.

Hay que considerar que el proceso de creación de una empresa tecnológica pasa por diferentes etapas, desde la fase de descubrimiento e investigación, hasta estados posteriores que incluyen la comercialización del producto final, y en cada fase necesita un mix diferente de conocimientos tácitos y estratégicos, difíciles de cubrir con la limitada estructura inicial de la empresa. Este tipo de empresas suelen utilizar, en la explotación de la tecnología, distintos tipos de alianzas estratégicas para cubrir áreas en las que tienen deficiencias como son producción y *marketing*/distribución, a través de contratos de subcontratación, licencia o *joint ventures*.

En el estudio realizado por (Livieratos, 2008), se indica que las nuevas empresas tecnológicas se enfrentan a numerosas dificultades principalmente asociadas a la falta de recursos y habilidades emprendedoras. Cabe destacar que a menudo se ha indicado que las nuevas empresas tecnológicas se caracterizan por poseer un desproporcionado número de científicos/ingenieros con una fuerte capacidad tecnológica innovadora en el diseño de nuevos productos pero posiblemente con insuficiente visión de negocio y recursos para comercializarlos.

La creación, reconocimiento y desarrollo de la oportunidad, la evaluación del potencial económico, del riesgo generado, y la obtención de los recursos necesarios para explotarlo, constituyen los tres primeros pasos en la creación de un nuevo emprendimiento, y un emprendedor debe completar estas etapas para asegurarse el éxito de una nueva empresa. Sin embargo, no todas las oportunidades identificadas son comercializadas y no todos los emprendedores tienen la misma disposición y capacidad para reconocerlas, desarrollarlas y explotarlas. La decisión sobre si desarrollar una oportunidad o no depende de las características individuales del emprendedor, factores de mercado y de la naturaleza de la oportunidad en sí misma (Hindle & Yencken, 2004)

Son muchas las competencias requeridas para la gestión de una nueva empresa tecnológica entre las que destacamos una estrategia de desarrollo corporativo, gestión tecnológica, gestión de empresas *start ups*, desarrollo de la estrategia de mercado/producto, valoración del riesgo y definición e implementación de una estrategia financiera, así como otros recursos de gestión. Igualmente esencial es contar con una serie de habilidades personales como son el total compromiso, la resistencia a la adversidad y la tendencia a la acción más que a la observación, y en muchos casos estas competencias no pueden ser cubiertas totalmente por el propio emprendedor tecnológico (Hindle & Yencken, 2004).

Según (Colombo & Grilli, 2010) el capital humano del grupo fundador tiene dos efectos positivos uno directo en el crecimiento y otro indirecto a través de la atracción de *venture capital*. Las empresas se autoseleccionan en la financiación, siendo el capital humano el aspecto más relevante a la hora de recibir la financiación de bancos o de empresas de capital riesgo.

Las habilidades requeridas para lanzar un producto al mercado incluyen conocimientos de *marketing*, distribución y ventas, y dependiendo del producto y sector pueden incluir otras específicas. Las nuevas empresas tecnológicas, en el momento de desarrollar su estrategia de comercialización carecen de estos recursos y se apoyan principalmente en sus redes de conocimiento, uno de sus principales activos (Livieratos, 2008). Estas redes de conocimiento ayudan a compensar las dificultades asociadas a la falta de recursos y habilidades directivas y les permite crear redes de negocio.

Asociado a esta falta de recursos y habilidades emprendedoras, y para superar estas dificultades, las nuevas empresas tecnológicas se esfuerzan por flexibilizarse mientras aceleran el desarrollo y comercialización entrando en redes colaborativas, siendo las redes de conocimiento uno de los principales activos de las nuevas empresas tecnológicas (Livieratos, 2008).

Capacidad de financiación

La limitación financiera es un variable importante en la creación y crecimiento de las nuevas empresas tecnológicas. Normalmente, los recursos de los emprendedores, de su entorno familiar y amistades, suelen ser insuficientes para cubrir las necesidades de financiación de este tipo de empresas, y las fuentes de financiación tradicionales son reacias a financiar el inicio de este tipo de actividades, principalmente por la dificultad de entender el modelo de negocio y el alto grado de incertidumbre tecnológica, comercial y de gestión que presentan los proyectos de esta naturaleza (Shane & Venkataraman, 2000).

En muchos casos, la dificultad de acceso a financiación obliga a estas empresas a desarrollar, de forma transitoria, una actividad de prestación de servicios y/o consultoría que les permite obtener los recursos financieros suficientes para autofinanciar sus actividades (Wright, Clarysse, Mustar, & Lockett, 2007). Durante la etapa de creación del producto los académicos, a menudo, pueden hacer uso de las instalaciones universitarias para reducir los gastos requeridos en infraestructura (Druilhe & Garnsey, 2000), minimizando los desembolsos iniciales y encontrando vías para el apalancamiento en base a los recursos de los que disponen, y mantener abierta la posibilidad de adaptarse a nuevas situaciones.

La disponibilidad de recursos en la universidad y en el entorno de mercado es crítico y la accesibilidad a capital de inversión afecta a la forma en la que las nuevas empresas alcanzan el mercado con sus innovaciones. En el caso de conseguir el apoyo de las entidades de capital riesgo obtienen una serie de beneficos adicionales como son el reafirmar su credibilidad, aumentar su experiencia en gestión y redes de relaciones, aunque cabe destacar que proporcionalmente son pocas las nuevas empresas tecnológicas que acceden a este tipo de financiación (Wright et al., 2007).

Otra alternativa de financiación es la búsqueda de un socio industrial o de inversores privados (*business angels*). El principal aporte de los socios industriales, además de fondos, es el conocimiento de mercado y soluciones industriales. Los *business angels*, aportan financiación pero también experiencia en gestión y redes de contactos e invierten, en muchas ocasiones, con la intención de involucrarse en el proceso de creación de la nueva empresa tecnológica (Beraza Garmendia, J M, Rodriguez Castellanos, 2012).

A pesar de que en el estudio realizado por (Storey & Tether, 1998) se identifica la dificultad de conseguir financiación como uno de los principales factores limitantes de las nuevas empresas tecnológicas, (Cressy, 1996) sugiere, en el estudio realizado que la correlación entre supervivencia y capital financiero puede no ser correcta, siendo el capital humano el verdadero determinante de la supervivencia de la empresa. En la identificación de las causas de fracaso se observaron correlaciones claras entre deficiencias en capital humano o asociadas a la figura del emprendedor, pero no se encontró una correlación directa que indique que una inversión de capital favorece la supervivencia de la empresa o que la falta de financiación provoque el fracaso.

Se han identificado como etapas cruciales en la financiación de una nueva empresa tecnológica el exceder el plazo previsto en la etapa de I+D, y el posterior coste asociado al escalado de la producción, ambos elevados. En el caso de que la nueva empresa tecnológica, tenga necesidad de una inyección de capital, la venta a grandes empresas es generalmente la mejor vía para acceder a los recursos financieros necesarios para sostener su rápido crecimiento (E Autio et al., 1998).

Sin embargo, cabe destacar que muchas empresas no desean incorporar *venture capital*, siendo el miedo a perder el control, la principal razón para no considerar la posibilidad de admitir inversores externos (R. P. Oakey, 2003). La participación en el accionariado de la empresa, es vista como una situación que puede llevarlos a una pérdida del control y de la independencia que puede haber sido uno de los principales motivos que llevo al emprendedor a crear la empresa. La mayoría de los fundadores de este tipo de empresas provienen de empresas burocratizadas del sector público y privado, y el mayor atractivo para estos emprendedores es la independencia que engendra la libertad organizacional de estas pequeñas empresas.

Pero, hay que tener en cuenta, que los emprendedores que no consideran la posibilidad de incluir inversores externos están trabajando por debajo de sus posibilidades, ya que desde un punto de vista estratégico, no están considerando el rango completo de posibilidades que se les ofrecen. Asimismo esta actitud introspectiva de resistirse a la entrada de nuevos inversores en las primeras etapas de vida de la empresa, hace que a menudo no tengan la posibilidad de adquirir la experiencia suficiente para negociar con socios inversores externos cuando lleguen situaciones de verdadera necesidad, tales como en el caso de crisis de rápido crecimiento o de declive.

Sin embargo, los recursos limitados de las nuevas empresas tecnológicas, no parecen ser un factor limitante claro para la comercialización internacional de su tecnología. Ciertas empresas poseen las competencias, capacidades y experiencia necesaria para operar internacionalmente desde sus inicios, correspondiendo a la categoría de empresas conocidas como *born global*. Las características asociadas al hecho de ser pequeñas empresas, tales como la flexibilidad, sensibilidad al cambio, capacidad innovadora práctica dirigida a la empresa, y capacidad técnica, pueden ser factores más influyentes en el proceso de internacionalización de las empresas tecnológicas que el tamaño, la antigüedad y la experiencia en el mercado doméstico (Crick & Jones, 2000).

4.3. Modelos de valoración del comportamiento innovador de las empresas

La innegable importancia de la innovación tanto en la economía como en el desarrollo de las empresas justifica el creciente interés en el campo académico. Sin embargo, el proceso de innovación está todavía pobremente explicado y la bibliografía disponible no contribuye en gran medida a entender el fenómeno (Archibugi & Pianta, 1996).

Uno de los objetivos principales es determinar como la innovación contribuye a mejorar la *performance* de la empresa, destacamos los trabajos realizados por (Jiménez-Jiménez & Sanz-Valle, 2011), (Su et al., 2013), (Klepper, 1996), (Hall et al., 2009), (Parisi, Schiantarelli, & Sembenelli, 2006) y (Maria Ruiz-Jimenez & del Mar Fuentes-Fuentes, 2013). Autores como (Zahra, 1996) remarcan el papel de la innovación como uno de los elementos que más impacta sobre el *performance* de las organizaciones y los países, y la necesidad de que una empresa sea innovadora para poder sobrevivir en un entorno volátil (Calantone et al., 2002).

Sin embargo, los diferentes estudios empíricos realizados sobre innovación y resultados empresariales presentan resultados contradictorios e inconclusos. (R. R. Oakey, 1999) destaca que debemos distinguir entre *innovation performance* y *business performance,* basándonos en el hecho de que una buena capacidad innovadora no necesariamente significa un buen resultado económico. En el estudio realizado por (Jiménez-Jiménez & Sanz-Valle, 2011), sobre una muestra de 451 SMEs españolas, se encuentra una relación positiva entre *business performance* y aprendizaje organizacional e innovación, moderada por las variables tamaño, edad, sector y entorno. Sin embargo, en la revisión de la literatura realizada por (Rosenbusch et al., 2011) se indica que solo dos tercios de los estudios reportan una relación positiva entre innovación y *performance* de la empresa.

Uno de los principales obstáculos para entender el proceso de innovación, es la incapacidad de poder medir adecuadamente el *performance* de la innovación. Davelaar (1991) y (Love & Ashcroft, 1999) destacan que en la práctica la mayoría de los estudios empíricos realizados sobre innovación organizacional han utilizado medidas de *inputs* debido a la limitada disponibilidad de medidas de *output*.

Tradicionalmente las investigaciones sobre innovación se han basado en indicadores de investigación, tales como los gastos en I+D relativos a ventas o número de personal investigador. Sin embargo, estos indicadores no son completos y no incluyen inversiones en innovación relativas a diseño, pruebas de mercado y activos fijos. Se ha estimado que solo el 25% de los gastos de innovación son relativos a actividades de I+D, especialmente en las pequeñas empresas donde no tienden a reportarlas (Panne, 2007). Los indicadores tradicionales de gasto en I+D no se pueden utilizar en el tipo de innovación más informal que llevan a cabo las pequeñas empresas ya que no capturan adecuadamente los esfuerzos realizados por este tipo de empresas (De Jong & Marsili, 2006). El hecho de que muchas pequeñas empresas no tengan I+D propio o bien que no registren correctamente en la contabilidad, favorece a las grandes empresas frente a las pequeñas (M. Rogers, 2004).

Tabla 4.1. **Valoración de la innovación**

	Indicadores	Debilidades
Medidas indirectas	I+D	Las actividades de I+D son un input del proceso de innovación
		No todas innovaciones provienen necesariamente de actividades de I+D
		Hay una tendencia a favorecer a las grandes empresas frente a las pymes
	Patentes	Las patentes miden invención más que innovación
		No hay la misma tendencia a patentar en todos los sectores
		No todas las innovaciones pueden ser patentadas
Medidas directas	**nº innovaciones**	Hay una tendencia a privilegiar las innovaciones en producto sobre las innovaciones en proceso
		Se excluyen las innovaciones no exitosas
		Evaluación subjetiva de la innovación al no ser el investigador un experto del sector
	Encuestas a las empresas	La significancia y representatividad de los resultados dependen del ratio de respuesta
		Medida dicotómica de poco valor estadístico

Fuente: (Archibugi & Pianta, 1996), (Audretsch & ACS, 1988), (Coombs et al, 1996), (Hagedoorn & Cloodt, 2003), (Barros et al, 2012) y (Ramanujam & Mensch, 1985).
Elaboración: propia

Las medidas indirectas de innovación a través de la medida del I+D y número de patentes presentan una serie de desventajas (Hagedoorn & Cloodt, 2003), (Archibugi & Pianta, 1996) y (Coombs et al., 1996), principalmente asociadas a que son un input en el proceso de innovación. No todas las innovaciones deben provenir necesariamente de actividades de I+D y este indicador favorece a las grandes empresas frente a las pequeñas, tal como explicamos anteriormente. En el caso de las patentes, la principal debilidad se debe a que es un indicador de invenciones más que la innovación, no todas las innovaciones son patentables y existe una diferencia entre sectores hacia la propensión a patentar.

Por todo lo anterior la utilización del indicador I+D está cayendo en desuso. En el meta análisis realizado por (Nizar Becheikh et al., 2006) en el área de determinantes de la innovación se identificó que solo el 6% de los estudios utilizaron esta variable para medir el *performance* de la innovación. Sin embargo, a pesar de las debilidades identificadas en el indicador número de patentes, se utilizó como indicador de *performance* en un 18% de los estudios, debido, principalmente, al fácil acceso a esta información.

En los estudios más recientes, entre los que destacamos el realizado por (Barros et al., 2012), se prioriza el uso de nuevos indicadores de innovación radical asociados a mediadas directas tales como contabilizar el número de innovaciones, a través de varias fuentes como el anuncio del lanzamiento de nuevos productos en revistas especializadas y bases de datos. En este estudio en concreto, se utilizó la identificación de las 100 innovaciones tecnológicas más significativas publicadas en la revista *"Research & Development"*. Este método de recolección de datos presenta varios puntos débiles entre los que destacamos la tendencia a privilegiar las innovaciones en producto frente a proceso, y el hecho de que no se contabilizan las innovaciones que no han sido exitosas. Cabe destacar que en la valoración del grado de innovación es necesario contar con expertos del sector que conozcan en profundidad la tecnología para poder identificar las verdaderas innovaciones radicales.

Figura 4.3. **Medidas de innovación**

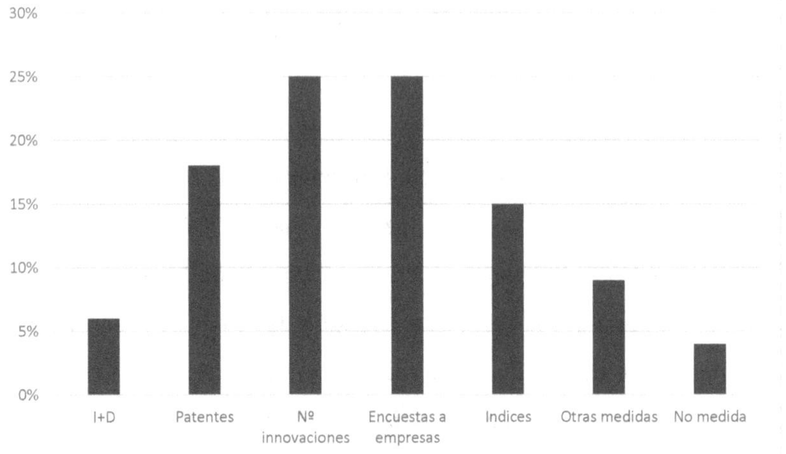

Fuente: N. Becheikh el al - Technovation 26 (2006)

El método más utilizado en la recolección de datos en los estudios de innovación, son las encuestas o entrevistas personalizada con las empresas (25%), seguido de la contabilización del número de innovaciones, el número de patentes, índices y otras medidas entre las que se encuentran las obtenidas de fuentes estadísticas publicadas, en base a encuestas estandarizadas realizadas a las empresas, entre los que destacamos las de la OCDE y EUROSTATS [4] y otras medidas directamente relacionadas con los resultados de la innovación tales como ventas generadas por las innovaciones y número de marcas.

Respecto a la metodología de recolección directa de catos mediante encuestas, destacamos que su principal debilidad asociada al hecho de que su significancia depende del ratio de respuesta. Cabe destacar, asimismo,

[4] Community Innovation Survey (CIS) incluye los resultados de cuestionarios enviados a empresas sobre innovación.

que la mayoría de estas encuestas se han diseñado bajo la guía metodológica del manual de Oslo que mide innovación a través de preguntas con respuestas dicotómicas.

Frente a la debilidad que presentan estos indicadores de *performance* innovador, en el 15 % de los trabajos publicados encontramos que los investigadores han desarrollado sus propios indicadores para medir la innovación, la mayoría de las veces combinando varias medidas e identificando una variable latente a través de un análisis factorial (Nizar Becheikh et al., 2006).

Cabe destacar que en el 4% de los estudios no utilizaron ninguna medida de *performance* de innovación, sino que se obtuvieron datos directamente de los determinantes sin medir operativamente el concepto.

La conclusión del estudio realizado por (N Becheikh, Landry, & Amara, 2006) es que los artículos académicos publicados basados en la medición directa del *performance* innovador cada vez resultan menos productivos, ya que su función principal es confirmar resultados previos más que aportar conocimiento sobre la naturaleza de la innovación y sus determinantes.

Determinantes del comportamiento innovador de las empresas

En el meta análisis realizado por (Nizar Becheikh et al., 2006) identifica tres enfoques presentes en la literatura cuando se trata la innovación como una variable dependiente: (1) el tipo de innovación (2) el método estadístico y/o econométrico utilizado en al análisis de los datos (3)) Los indicadores utilizados para medir el *output* innovación.

En este estudio se identifican 60 variables asociadas a la valoración de los determinantes de la innovación que se agrupan en dos familias: (1) variables internas y (2) variables contextuales.

Factores internos de innovación

Uno de los primeros objetivos perseguidos en los estudios de innovación empresarial fue determinar las características de las compañías altamente innovadoras. En el estudio de (N Becheikh et al., 2006) se identifican cuarenta variables referenciadas en la literatura como factores internos de innovación.

EL tamaño fue una de las primeras variables identificadas como determinante de la innovación. En los trabajos iniciales realizados por (Joseph A Schumpeter, 1942), se identifican dos tipos de empresas según su comportamiento innovador que lideran el proceso y que identificó como patrón *Mark I* y *Mark II.* En el patrón *Mark I,* también llamado de "creación destructiva" las empresas que lideran el proceso de innovación son nuevas empresas emprendedoras, mientras que en el *Mark II* también llamado de "acumulación creativa son las grandes empresas establecidas que utilizan su poder de control de mercado, conocimiento acumulado, recursos y competencias para liderar el proceso de innovación.

Estudios posteriores reafirman la importancia del tamaño en el *performance* innovador de las empresas, así (Santoro & Chakrabarti, 2002) afirma que el tamaño está altamente correlacionado con la estructura organizacional y juega un importante papel en la habilidad de la empresa a adaptarse a su entorno, crear, asimilar conocimiento y ser innovadora y (Love & Ashcroft, 1999) concluye que el tamaño de la empresa y su estructura corporativa son más importante a la hora de explicar el comportamiento innovador que la estructura de mercado y los efectos del poder monopolístico.

La variable tamaño se ha convertido en la más utilizada en los estudios sobre determinantes de la innovación (55%), identificándola como una variable explicativa del comportamiento innovador (N Becheikh et al., 2006). Sin embargo su efecto positivo no es concluyente ya que se encontró una relación positiva en el 61% de los casos, negativa en el 7% y no significativa en el 32% de los estudios. Estos resultados muestran que aunque en un número significativo de estudios se ha encontrado una relación positiva entre tamaño y actividad innovadora, no hay una homogeneidad en los resultados obtenidos. (Audretsch & ACS Z.J., 1988) aportó una explicación a esta aparente discrepancia indicando que las actividades innovadoras de pequeñas y grandes empresas, dependen, en gran medida de las diferencias en el entorno tecnológico, especialmente de las características del sector. En base a los resultados obtenidos parece que la relación entre tamaño e innovación es más compleja y puede estar influenciada por varios factores.

Los resultados obtenidos en los estudios respecto al determinante interno edad no son concluyentes. Su utilización es menos frecuente en los estudios de innovación y se le asocian a dos hipótesis contrapuestas. La primera afirma que con la edad las empresas acumulan la experiencia y el conocimiento necesario para innovar. Esta hipótesis sugiere que no solamente hay una relación positiva entre edad y nivel de innovación, sino que también está vinculado al grado de influencia de estas innovaciones (Sørensen & Stuart, 2000). La segunda hipótesis, contraria a la anterior afirma que las empresas más antiguas desarrollan procesos y rutinas que crean resistencia e inercias y representan barreras a la innovación.

La relación entre edad y comportamiento empresarial no está bien definida y no existe un consenso sobre si el efecto es positivo o negativo. En el estudio realizado por (Hall et al., 2009), se demuestra que excepto en la innovación de producto en empresas de menos de 25 años de edad, no hay una correlación clara entre edad de la empresa y grado de innovación.

En el trabajo realizado por (Love & Ashcroft, 1999) relaciona las variables tamaño y edad con el tipo de estrategia de conocimiento utilizada por las empresas para crear su fortaleza tecnológica y ventaja competitiva, y llega a la conclusión de que aquellas estrategias de conocimiento acordes al tamaño y edad de la empresas optimizan sus fortalezas tecnológicas. Las pequeñas empresas exitosas tienden a llevar a cabo procesos de rápido aprendizaje y desarrollar una base de conocimientos enfocados a un nicho de mercado, mientras que las grandes empresas que obtienen éxito, tienden a desarrollar una base de conocimiento más amplio y enfocarse en el desarrollo del aprendizaje interno.

Las empresas grandes y antiguas suelen tener más experiencia y estructuras más formales, sin embargo la edad y el tamaño, son variables que se comportan de forma diferente como moderadoras del comportamiento innovador y de la relación entre conocimiento y fortaleza tecnológica (Gopalakrishnan & Bierly, 2006).

Empresas jóvenes y las antiguas presentan ventajas y desventajas asociadas a su edad. Las empresas jóvenes presentan el pasivo de la novedad, que les obliga desempeñar nuevos roles dentro de la empresa y a aprender nuevas rutinas y habilidades organizacionales específicas, así como dinámicas de mercado. La falta de experiencia en el mercado les obliga a sobreponerse a la falta de soporte institucional y a los bajos niveles de reconocimiento y credibilidad. Sin embargo las jóvenes empresas son más propensas a experimentar con innovaciones radicales y tienden a ser más flexibles debido a que sus estructuras, procesos, rutinas y competencias tecnológicas no están predeterminadas por inercias pasadas. Frecuentemente la flexibilidad y adaptabilidad son citadas como la ventaja principal de las jóvenes empresas, así como el hecho de que su organización facilita una rápida y efectiva comunicación a través de la empresa, especialmente entre las divisiones de I+D y diferentes áreas funcionales.

Las empresas antiguas, sin embargo, tienen las ventajas de una mayor experiencia productiva, relaciones externas establecidas y más experiencia en desarrollar e implementar rutinas organizacionales, incluidas las tecnológicas. Destacamos su fortaleza en desarrollar nuevos productos, especialmente a través de innovaciones incrementales por extensión de las trayectorias tecnológicas existentes. Sin embargo las empresas más antiguas pueden desarrollar una estructura burocrática más rígida y tener inercias asociadas a su pasado exitoso en ciertas áreas, que les previenen de explorar nuevas campos tecnológicos. Otra debilidad está asociada a la distancia entre la empresa y su entorno, el entorno exterior cambia, sin embargo, la cultura y la política institucional no permiten que se realicen los cambios necesarios para adaptarse a la nueva situación (Gopalakrishnan & Bierly, 2006).

Según indica (Calantone et al., 2002) cuanto más antigua es la empresa mayor es la relación ente orientación al aprendizaje e innovación. Estas empresas utilizan este conocimiento para crear y aumentar sus ventajas competitivas. El concepto de orientación al aprendizaje incluye obtener y compartir información sobre las necesidades de los clientes, detectar cambios en el mercado y actividades de los competidores, y el desarrollo de nuevas tecnologías para crear nuevos productos superiores a los de la competencia. Esta capacidad influencia en qué tipo de información que se selecciona y como se interpreta y evalúa.

Las ideas innovadoras pueden proceder de los clientes, proveedores u otras firmas con las que se relacionen. Toma tiempo crear y desarrollar estas relaciones, por lo que las jóvenes empresas presentan una desventaja en este aspecto, además las empresas más antiguas tienen más experiencia en seleccionar y emplear esta información. Por todo lo anterior la relación entre orientación al aprendizaje e innovación y *performance* de la empresa aumenta con la edad y el tiempo que ha estado presente la empresa en el mercado.

La afirmación de que la edad de la empresa actúa de forma positiva en la producción innovadora, se basa tanto en el hecho de que el conocimiento requerido para la actividad innovadora es acumulativo y que las nuevas ideas son asimiladas de forma más eficiente si hay una sólida base de conocimiento establecida, como en el hecho de que las empresas tecnológicas más antiguas han perfeccionado sus rutinas, estructuras, programas de incentivos y otras infraestructuras que les permiten llevar la innovación al mercado de forma más eficiente. De esta forma han desarrollado competencias para poder mantenerse en el mercado en sus áreas de especialización (Sorensen & Stuart, 2000).

Las rutinas empresariales son los repositorios del conocimiento organizacional y es a través de su combinación que la empresa genera resultados. En general, los resultados de una empresa refleja una combinación de su habilidad para coordinar de forma efectiva sus rutinas organizacionales, su adaptación al entorno y a los requerimientos del mercado. Sin embargo, las ventajas competitivas basadas en las rutinas y el conocimiento propio de la empresa pueden convertirse en rigideces, especialmente en pequeñas empresas establecidas que pueden perder su agilidad y adaptabilidad inicial si se centran en reforzar rutinas, procesos y estructuras. La principal ventaja de las empresas de nueva creación es que están libres para definir procesos y estructuras y cubrir oportunidades específicas de mercado. Empíricamente se podría afirmar que el efecto neto de la edad de la empresa depende del equilibrio entre las ganancias asociadas a la experiencia identificadas como rutinas y las perdidas asociadas a la esclerosis en la estructura empresarial (Huergo & Jaumandreu, 2004).

Otro grupo de variables consideradas factores internos de innovación están asociadas a la estructura organizacional aunque han sido poco utilizadas en los estudios realizados sobre innovación. Existe un consenso en la literatura sobre el hecho de que hay una relación positiva entre las inversiones internas y el nivel de innovación. Es sabido que la innovación es una actividad arriesgada que consume recursos y un factor vinculado al nivel de innovación en producto es el nivel de inversión en equipamiento. La probabilidad de realizar procesos innovadores está directamente vinculada a la inversión realizada por la empresa en capital fijo (Parisi et al., 2006) y (Hall et al., 2009) y se ve positivamente afectado por las inversiones en equipamiento sofisticado y tecnologías de producción (Evangelista, 2000). Esta inversión en infraestructura la valoramos en nuestro estudio a través de la variable asociada Total de activos.

Otro determinante identificado en la bibliografía con un efecto positivo sobre la innovación es la autonomía financiera de la empresa. La autonomía financiera medida a través de la variable Fondos propios y Benéficos antes de impuestos incrementa las posibilidades de llevar a cabo inversiones en I+D y generar innovaciones internamente (Love & Ashcroft, 1999). También hay que tener en cuenta que al ser las actividades innovadoras de alto riesgo, un endeudamiento elevado, aunque no debilita las innovaciones incrementales, puede disuadir el desarrollo de innovaciones radicales.

Factores contextuales de innovación

Una organización es sobre todo un sistema adaptativo que evoluciona reaccionando frente a su entorno y tiene un impacto determinante en las estrategias de las empresas, su estructura y comportamiento. En el trabajo realizado por (N Becheikh et al., 2006) se identifican veinte determinantes contextuales de la innovación relacionadas con el entorno físico o institucional al cual pertenece al empresa.

El efecto del sector sobre la capacidad innovadora de las empresas es ampliamente aceptado en la bibliografía, y en la mayoría de los estudios se encuentra una relación positiva entre el nivel tecnológico del sector y el grado de innovación. Esta relación ha sido descrita en la teoría del ciclo de vida de los sectores (Ramanujam & Mensch, 1985) sugiere que el desarrollo de productos innovadores se concentra principalmente, en las etapas iniciales de crecimiento del sector, sin embargo, cuando los sectores se acercan a la etapa de madurez y saturación, la presión de los costes se convierte en el objetivo primordial y los esfuerzos innovadores progresivamente se convierten en mejoras de procesos. Sin embargo, este autor no encuentra una relación estadísticamente significativa entre madurez del sector y asignación de recursos en innovación de procesos. Autores como (Vaona A & Pianta, 2008), (M. Rogers, 2004) y (Rothwell, 1983) remarcan la importancia de la teoria del ciclo de vida del sector como un factor determinante en la relación entre tipo de innovación y tamaño de la empresa.

Otra explicación que vincula el comportamiento innovador de la empresa con el sector al que pertenece se basa en la teoría de los regímenes tecnológicos. Los trabajos realizados por (Nelson, 1993) y (Dosi et al., 1988) demuestran que el comportamiento de la empresa está marcado y limitado por la naturaleza de las tecnologías que utiliza y en los trabajos empíricos realizados por (Pavitt, 1984), (Klepper, 1996) y (Evangelista, 2000) que las fuentes, crecimiento y dirección de los cambios tecnológicos varían significativamente entre sectores. Los regímenes tecnológicos definen entornos de conocimiento particulares, en términos de oportunidades, condiciones y acumulación de conocimiento, es decir, definen el entorno de conocimiento y aprendizaje en el que muchas empresas operan (Malerba & Orsenigo, 1996). Los estudios realizados por (De Jong & Marsili, 2006), (Archibugi 2001) y (Klepper, 1996) demuestran que las empresas dentro de un mismo sector comparten comportamientos innovadores.

Desatacamos los siguientes estudios que relacionan el sector con el comportamiento innovador de las empresas (1) (Jong & Vermeulen, 2006) realiza en un estudio comparativo del comportamiento innovador de las pymes entre sectores, basándose en la innovación en producto y considerando como determinantes las variables tamaño y edad y demuestra que existen diferencias significativas entre sectores respecto a la intensidad media de los factores, las estrategias de las empresas líderes en el sector, el ratio de entrada de nuevas empresas y la antigüedad media de las empresas.. (2) (Love & Ashcroft, 1999) identifica el tamaño, la estructura de la empresa y el sector como determinantes de la innovación, aunque considera que el tamaño y la estructura corporativa tienen mayor importancia que las características diferenciales del sector al que pertenecen. (3) (Gopalakrishnan & Bierly, 2006) incorpora a las variables anteriores la edad como determinante de la innovación en las empresas. (4) (Chandy & Tellis, 2000) afirma que la intensidad tecnológica del sector al que pertenece la empresa define el nivel de recursos en I+D necesarios. (5) (Oke et al., 2007) indica que en determinado sectores, entre los que destaca los de alta tecnología, las pequeñas empresas son capaces de llevar a cabo más fácilmente innovaciones radicales que les permiten introducir nuevos productos en el mercado que las grandes empresas.(6) (Vaona A & Pianta, 2008) afirma que la relación entre los resultados de la innovación en función del sector y tamaño de la empresa se debe a los distintos tipos de innovación que llevan a cabo las empresas. En función del tipo de innovación, del tamaño de la empresa y del sector, la selección de estrategias y la asignación de recursos será diferente, llegando a la conclusión de que las empresas que forman parte de sectores de alta tecnología son más innovadoras que las que pertenecen a sectores tradicionales.

Interesante es la aportación realizada por (Audretsch & ACS Z.J., 1988), relacionando tamaño, sector y actividad innovadora. Este autor demuestra que cuando un sector esta principalmente formado por grandes empresas mayor es su actividad innovadora, pero esta innovación procede, principalmente, de pequeñas empresas. Una posible explicación es que en sectores donde predominan las grandes empresas, ser innovador se convierte en la única estrategia que poseen las pequeñas empresas de ser viables.

Otros determinantes contextuales mencionados en la literatura son la interacción con las universidades y centros de investigación (Nizar Becheikh et al., 2006) y (Romijn & Albaladejo, 2002) y el *networking* con proveedores, clientes, consultoras y otras empresas que también se dan en el entorno de los parques científicos.

Los determinantes contextuales seleccionados en nuestro trabajo son Sector y Tipo de parque científico. Hay que tener en cuenta que los parques científicos se crearon para favorecen los vínculos entre empresas y universidades e instituciones científicas y que difieren entre sí en función de la intensidad del *networking* y de la variedad de agentes e instituciones que contienen.

5. ESTUDIO EMPÍRICO

Son dos los objetivos básicos que nos hemos propuesto en este trabajo de investigación. En una primera etapa simplificar el universo de determinantes de la innovación referenciados en la literatura, agrupándolos en una serie de constructos que nos ayuden a interpretar, dentro de un marco teórico, el complejo fenómeno de la innovación. El segundo es estudiar el comportamiento innovador de las empresas que forman parte de los parques científicos, aportando un modelo para el estudio de la relación entre el tipo de parque científico y el perfil innovador de la empresa.

5.1. Revisión de la literatura y presentación de las hipótesis

En los capítulos previos se han desarrollado una serie de conceptos teóricos (1) el concepto de innovación a través del modelo de la triple Hélix (2) los parques científicos como organismos de interface en el proceso innovador y (3) los determinantes del comportamiento innovador de las empresas. En el modelo explicativo propuesto, hemos integrado estos conceptos, en un intento de relacionar, desde una perspectiva teórica y empírica, los conceptos de innovación organizacional y parque científico.

En el transcurso de este esfuerzo, surgió la necesidad de crear nuevas herramientas y derivaron varias hipótesis que respaldaron el concepto inicial, así como aproximaciones y teorías subyacentes.

Presentación de las hipótesis

Para definir las hipótesis nos focalizamos en cuatro aspectos de la investigación (1) Abordar la *performance* innovadora de las empresas desde el enfoque de los determinantes del comportamiento innovador, en base a la revisión de la literatura llevada a cabo en el apartado 4.3, (2) Valorar la capacidad discriminante de los determinantes seleccionados (3) Identificar los tipos de perfiles innovadores en base a la teoría de la innovación de Schumpeter desarrollada en el apartado 2.1 y (4) Aportar una herramienta que ayude en la valoración del desempeño de los parques científicos, necesidad identificada y desarrollada en el apartado 3.4.

Determinantes del comportamiento innovador de las empresas

Es un hecho constatado la dificultad de medir el complejo fenómeno de la innovación. Una de las principales razones de debe al hecho de que se pretende medir la variable dependiente *performance* de innovación a través de una variable observable simple tales como inversión en I+D, número de patentes, número de productos innovadores o mediante encuestas directas a las empresas. Los estudios realizados a través de esta metodología resultan poco consistentes y difíciles de interpretar.

Un enfoque diferente planteado, es la utilización para su valoración de factores internos y contextuales de la empresa que actúen como determinantes de la innovación. Este planteamiento considera que a través de la valoración de indicadores, cuya influencia sobre el comportamiento innovador de la empresa este demostrada, también se puede obtener una valoración del *performance* innovador de la empresa.

En la revisión realizada en la literatura se ha corroborado la gran dispersión de indicadores asociados a los determinantes del comportamiento innovador de las empresas. En el estudio realizado por (Nizar Becheikh & Amara, 2006), se identificaron, a través de una revisión sistemática de la literatura desde 1993 a 2003, 60 variables utilizadas como determinantes de la innovación.

Partiendo de la descripción de innovación organizacional aportada por (Ramanujam & Mensch, 1985) donde se considera la innovación como una secuencia de decisiones en el tiempo en las que se tienen en cuenta factores internos y externos para alcanzar los objetivos estratégicos definidos, podemos agrupar de forma intuitiva los determinantes de la innovación en dos categorías que corresponderían a factores internos y factores contextuales de la empresa. Cabe destacar, sin embargo, no se han identificado estudios dirigidos a confirmar esta clasificación e identificar los constructos que permitan agrupar este universo de indicadores en variables subyacentes explicativas.

En la figura siguiente representa los principales determinantes identificados en la literatura en función de esta clasificación.

Figura 5.1. **Determinantes del comportamiento innovador de las empresas**

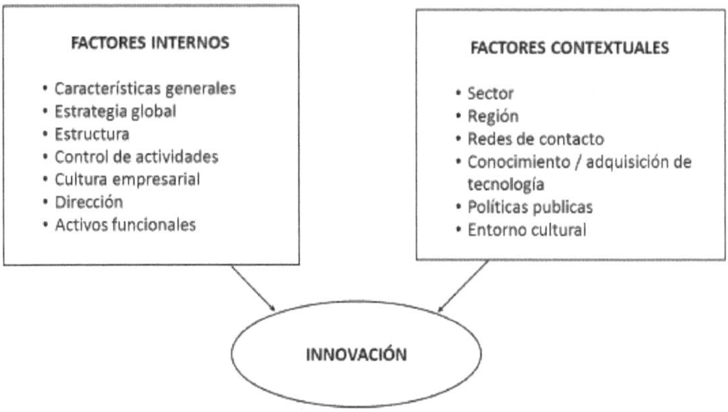

Fuente: N. Becheikh el al - Technovation 26 (2006)

Gran parte de los estudios referenciados en la literatura utilizan indicadores simples, sin embargo, la innovación es un fenómeno complejo y multivariable que se ve influido por características internas y factores contextuales de la empresa. Tal y como indica (Hagedoorn & Cloodt, 2003), el uso de indicadores múltiples asociados a variables latentes presenta una serie de ventajas frente a los indicadores simples específicos, salvo en el caso de que el solapamiento entre todas las variables sea total, pudiéndose limitar la medida a un sola variable. En el caso de que el solapamiento entre las variables sea pequeño es mejor utilizar indicadores múltiples que nos permitan identificar los diferentes aspectos vinculados a esta variable.

La ventaja principal de la utilización de indicadores múltiples es poder medir la variable a través de un indicador compuesto que añade más información.

Además nos permite analizar el resultado en términos de la contribución de cada indicador individual a la variable latente asociada.

De este conjunto de variables referenciadas en la literatura hemos seleccionado para nuestro estudio aquellas variables que han sido ampliamente reconocidas en el entorno académico como determinantes de la innovación.

Tabla 5.1. **Estudios publicados identificando determinantes de la innovación**

Determinante de la innovación	Estudios publicados
Tamaño de la empresa	(M. Rogers, 2004), (Gopalakrishnan & Bierly, 2006), (De Jong & Marsili, 2006), (Hall et al., 2009), (Rothaermel & Deeds, 2004), (David J Teece, 1992), (Love & Ashcroft, 1999), (Klepper, 1996), (M. Rogers, 2004), (Coombs et al., 1996), (Damanpour, 1992), (Audretsch & ACS Z.J., 1988), (Jong & Vermeulen, 2006), (Mustar et al., 2006) y (Parisi et al., 2006)
Edad de la empresa	(Sorensen & Stuart, 2000), (Rosenbusch et al., 2011), (Huergo & Jaumandreu, 2004), (Jong & Vermeulen, 2006), (Love & Ashcroft, 1999), (Calantone et al., 2002) y (Gopalakrishnan & Bierly, 2006)
Inversión en infraestructura	(Love & Ashcroft, 1999)
Capacidad de financiación	(Ansari & Krop, 2012)
Resultados antes de impuestos	(Wolff & Pett, 2006) (Love & Ashcroft, 1999)
Intensidad tecnológica del sector	(Tether & Storey, 1998), (Chen & Huang, 2004),(Audretsch & ACS Z.J., 1988), (O'Regan & Sims, 2008), (Klepper, 1996) y (De Jong & Marsili, 2006).
Localización en parques científicos	(Westhead, 1997a), (Colombo & Delmastro, 2002), (Lindelöf & Löfsten, 2001), (Dettwiler & Lindelof, 2006), (Phillimo 1999) y (Lofsten H, 2002)

Elaboración: Propia

Los determinantes tamaño y edad han sido ampliamente referenciados en la literatura, relacionándolos con el tipo de estrategia de conocimiento utilizada por las empresas para crear su fortaleza tecnológica y ventaja competitiva. Según afirma (Love & Ashcroft, 1999) las empresas que utilizan estrategias de conocimiento acordes a su tamaño y edad optimizan sus fortalezas tecnológicas. Las pequeñas empresas exitosas tienden a llevar a cabo procesos de rápido aprendizaje y desarrollar una base de conocimientos enfocados a un nicho de mercado, mientras que las grandes empresas que obtienen éxito, tienden a desarrollar una base de conocimiento más amplio y enfocarse en el desarrollo del aprendizaje interno.

Respecto a los factores contextuales, existen numerosas las referencias en la literatura que indican que existe una relación positiva entre entorno de la empresa y habilidad para innovar (Rosenbusch et al., 2011), (Davelaar & Nijkamp, 1989), (Feldman, 1994), (Kwon, Choung, & Lee, 2002) y (Wang & Wang, 2007), estos estudios infieren, desde una perspectiva coevolucionaria, que las organizaciones y su entorno con interdependientes.

Un determinante de la innovación especialmente referenciado en la literatura es el sector de actividad. (Vaona A & Pianta, 2008) identificó patrones de innovación, demostrando la importancia del tamaño de la empresa, en combinación con el sector industrial. En el estudio realizado por (Audretsch & ACS Z.J., 1988) demuestra que las grandes empresas son más innovadoras en mercados monopolísticos y sectores concentrados con grandes barreras de entrada, mientras que las nuevas empresas tecnológicas se comportan mejor en mercados más competitivos y sectores más abiertos. Estos autores sugieren que las especificidades de los sectores son factores claves que afectan al desarrollo de la innovación.

Basándonos en las argumentaciones anteriores pretendemos demostrar que los determinantes del comportamiento innovador de las empresas están relacionados positivamente con factores internos y contextuales de la empresa, y definimos la siguiente hipótesis.

H1.- El comportamiento innovador de una empresa se relaciona positivamente con factores internos y contextuales

H1a. – El comportamiento innovador de una empresa se relaciona positivamente con factores Internos

H1b.- El comportamiento innovador de una empresa se relaciona positivamente con factores contextuales.

Impacto de la innovación en el business performance de la empresa

En la literatura se observa un creciente interés por conocer como la innovación contribuye a mejorar la *performance* de la empresa, interpretando la innovación como un factor que puede beneficiar a la empresa a través de la creación de ventajas competitivas y nuevos modelos de negocio (Calantone et al., 2002). Además, las empresas más innovadoras pueden responder a los cambios del entorno de forma rápida y eficiente a través del desarrollo de nuevas capacidades (Maria Ruiz-Jimenez & del Mar Fuentes-Fuentes, 2013). Autores como (Zahra, 1996) remarcan el papel de la innovación como uno de los elementos que más impacta sobre el *performance* de las organizaciones y los países, y (Calantone et al., 2002) afirma que una empresa debe ser innovadora para poder sobrevivir en un entorno volátil.

Sin embargo, los diferentes estudios empíricos realizados sobre innovación y resultados empresariales presentan resultados contradictorios e inconclusos. Varios estudios empíricos reportan que la innovación no tiene influencia en los resultados de la empresa o encuentran implicaciones negativas. En la revisión de la literatura realizada por (Rosenbusch et al., 2011) se indica que solo dos tercios de los estudios reportan una relación positiva entre innovación y *performance* y en muchos casos la relación es negativa.

Cabe destacar que no todas las innovaciones son iguales y tienen el mismo resultado en la empresa. Algunos autores como (Oke et al., 2007) centran sus estudio sobre las invocaciones incrementales y radicales e investiga su impacto sobre la *performance* innovadora y económica de la empresa, destacando que las herramientas y técnicas asociadas a una buena gestión de innovaciones no resultan adecuada para la gestión de innovaciones radicales. En este trabajo llega a la conclusión de que las pymes que se focalizan en innovaciones incrementales obtienen mayor crecimiento en ventas que las que lo hacen en innovaciones radicales en producto.

Otros autores como (Wolf, 1994) y (Vaona A & Pianta, 2008), centran su estudio en la repercusión que las innovaciones en proceso o en producto tienen sobre el *performance* de la empresa, afirmando que las innovaciones en producto tienen mayor influencia sobre el crecimiento y los beneficios de la empresa que las innovaciones orientadas a la mejora de procesos.

La innovación en producto puede ayudar a la empresa a ganar cuota de mercado y crear barreras de entrada (Chandy & Tellis, 2000) y tiene una relación positiva con el *performance* de la empresa, sin embargo, (Su et al., 2013) indica claramente el efecto negativo de la capacidad tecnológica en el *performance* económico de la empresa. Paradójicamente, una elevada capacidad tecnológica puede influenciar negativamente, especialmente en el caso de Pymes, ya que la obtienen a expensas de otras capacidades. La capacidad tecnológica generalmente requiere de una asignación elevada de recursos y como los medios de la empresa son limitados, puede significar una asignación deficiente de fondos al departamento de *marketing* que dificultará una introducción exitosa en el mercado del producto. Este autor afirma que el efecto de la capacidad tecnológica en la relación entre innovación en producto y beneficio económico es negativo, y que la capacidad tecnológica es la causa principal de la inconsistencia en los datos encontrados.

La innovación en producto y proceso están estrechamente relacionados y en muchos casos los encontramos juntos, sin embargo, son el resultado de procesos innovadores independientes, persiguiendo objetivos diferentes a través de medios diferentes (Vaona & Pianta, 2008).

Autores como (D. J. Teece et al., 1997) y (Su et al., 2013) indican que a pesar de que la innovación en producto es una herramienta fundamental para competir en el mercado, muchas de las empresas innovadoras fracasan en obtener beneficios de estas innovaciones. Esta inconsistencia en los resultados demuestra que no todas las empresas innovadoras son capaces de beneficiarse de este tipo de innovación y obtener una ventaja competitiva. La comercialización del producto innovador requiere de la utilización correcta de una serie de capacidades internas de la empresa, además de la tecnológica.

Por otra parte el objetivo de la innovación en procesos es mejorar la eficiencia de la producción de un producto en particular, reduciendo los costes de fabricación, incrementando los beneficios de la empresa, y generando ventajas competitivas difíciles de imitar (Gopalakrishnan & Bierly, 2006). Cabe destacar que las grandes empresas presentan una clara ventaja en la innovación de procesos, ya que gracias a sus economías de escala, los costes de la innovación pueden repercutirse sobre mayores producciones.

Según indica (Vaona A & Pianta, 2008), las innovaciones en producto generalmente están asociadas a la búsqueda de competitividad tecnológica, basada en ventajas de calidad que las pequeñas empresas utilizan para dirigirse a nichos de mercado y las grandes empresas para controlar mercados nuevos y dinámicos. La innovación en proceso, principalmente, emerge de una estrategia de competencia activa en precios dominada por una búsqueda de eficiencia. El incremento de la productividad, se consigue generalmente a través de la adquisición de nueva maquinaria o a la optimización de costes mediante la reestructuración.

Ante la falta de consenso en la bibliografía sobre el efecto de la innovación sobre los resultados económicos de las empresas, definimos la siguiente hipótesis para determinar, en una primera etapa, si los Resultados antes impuestos es un determinante del comportamiento innovador de las empresas, y posteriormente, si este determinante nos permite discriminar entre los distintos perfiles de empresas innovadoras que forman parte de los parques científicos.

H2.- El *business performance* de la empresa medida como Resultados antes de impuestos está relacionada positivamente con el comportamiento innovador de las empresas.

Perfil de comportamiento innovador vs. Tipología de parque científico

Los campus universitarios cada vez están más rodeados de empresas generadas a partir de la universidad y/o atraídas por esta, y parece demostrada la función de los parques científicos como mecanismo para generar *spillovers* tecnológicos y crecimiento del empleo.

Numerosas empresas se localizan en los parques científicos para estar más cerca de la Universidad y favorecer la transferencia de conocimiento, pero según indica (Westhead, 1997a) las relaciones existentes resultan mucho menores de lo que se esperaba. La proximidad geográfica entre socios no tiene una influencia importante y no es fundamental para la existencia de vínculos formales y fuertes entre la universidad y la industria. (Phillimore, 1999) indica que mientras los vínculos formales no se ven especialmente reforzados dentro de los parques científicos si los vínculos informales y de recursos humanos por la proximidad geográfica.

En el entorno de los parques científicos cabe destacar el trabajo realizado por (Siegel et al., 2003). En este trabajo encuentra que el beneficio que obtiene una empresa tecnológica de pertenecer a un parque científico es nimio. Ante la inconsistencia de los resultados obtenidos comparando empresas tecnológicas ubicadas dentro y fuera de los parques científicos, plantea la duda de si los beneficios varían en función del tipo de parque científico al que pertenece la empresa y sugiere tipificar los parques científicos para poder valorar correctamente su influencia sobre las empresas.

En el entorno de los parques científicos no sólo es importante el vínculo con la universidad, sino también las relaciones entre las empresas que forman parte del mismo y estas relaciones son cruciales a la hora de entender el papel que juega la proximidad en potenciar la innovación. Existe un beneficio derivado de la aglomeración de economías, ya que numerosas empresas tecnológicas están agrupadas en pequeñas áreas, especialmente si operan en un mismo sector o en sectores estrechamente relacionados, favoreciendo la creación de redes de contacto (Colombo & Delmastro, 2002).

En el planteamiento del estudio se debe considerar que los parques científicos e incubadoras están inmersos en un entorno y contexto institucional determinado (Phan et al., 2005). El contexto institucional es importante para entender el comportamiento de los parques científicos, considerando, desde una perspectiva coevolucionaria, que las organizaciones y su entorno evolucionan conjuntamente y son interdependientes.

En el estudio de la interacción entre parque científico y empresa nos planteamos si el entorno institucional influye en el perfil innovador de las empresas que forman parte de los parques científicos. Para ello definimos una hipótesis que relaciona tipología de parque científico con perfil innovador. Esta hipótesis la dividimos en dos sub hipótesis identificando el poder de discriminación de los factores internos y contextuales de innovación.

H3.- El comportamiento innovador de las empresas está positivamente relacionado con la tipología de parque científico al que pertenece.

> **H3a.-** Los factores de internos de innovación esta positivamente relacionado con la pertenencia a un tipo de parque científico.
>
> **H3b.-** El sector de actividad como factor contextual, esta positivamente relacionado con la pertenencia a un tipo de parque científico.

5.2. Aspectos exploratorios del estudio

A través de un estudio de la literatura se ha propuesto un modelo para el estudio del comportamiento innovador de las empresas en el entorno de los parques científicos. Para la demostración de este modelo se definieron una serie de hipótesis, sin embargo, el complejo concepto de innovación organizacional introdujo algunas dudas adicionales que no generaron hipótesis. Estos aspectos también son importantes y aportan nuevos conocimientos sobre el tema desarrollado en esta tesis, ara ello formulamos una seria de preguntas exploratorias considerando las cuestiones abiertas no cubiertas en la formulación de las hipótesis.

Un primer aspecto a considerar, es la relación entre los determinantes de la innovación identificados y las tipologías de empresas innovadoras descritas en los trabajos de Schumpeter. La primera pregunta se enfoca en identificar las diferencias entre empresas *S Mark 1* y *S Mark 2*.

¿Podemos explicar las diferencias entre las tipologías de empresas innovadoras S Mark 1 y S Mark 2 en función de los determinantes de la innovación seleccionados?

En la clasificación de Schumpeter se identificaron dos tipologías de empres innovadoras, sin embargo, estudios posteriores referenciados en el apartado 4.2, identifican diferentes comportamientos innovadores entre las empresas consolidadas o *S Mark 2.* No todas las empresas llevan a cabo el mismo tipo de innovaciones, distinguiendo principalmente entre innovaciones radicales o incrementales, y en producto o proceso. El tipo de innovación que llevan a cabo viene definido por la dotación de factores internos de la empresa y los requerimientos del entorno. Una segunda duda que nos surge es si las diferentes dotaciones de factores, identificados como determinantes de la innovación, nos permiten identificar diferentes perfiles innovadores en la categoría de empresas *S Mark 2*.

¿Pueden diferenciarse dos categorías de empresas dentro de las empresas S Mark 2? ¿Qué determinantes de la innovación marcan la diferencia?

5.3. Metodología

La selección de la metodología de investigación estuvo acorde al objetivo de limitar la complejidad del tema e identificar los constructos que nos permitirían agrupar las variables y clarificar la interpretación de los resultados.

En una primera etapa se identificaron las bases teóricas sobre las que diseñamos nuestro estudio, a través de un estudio exhaustivo de la bibliografía, seleccionando los indicadores y la metodología más acorde a los objetivos fijados. Como resultado de este análisis se reconocieron ocho variables asociadas a los determinantes del comportamiento innovador de las empresas.

Se optó por utilizar variables cuantitativas observables frente a la falta de representatividad y significancia de los indicadores simples referenciados en la literatura, asociados a la medida de *performance* de innovación, tal como se especifica en la tabla 4.1. Cabe destacar, tal como referencia (N Becheikh et al., 2006) que un 4% de los estudios la innovación no han utilizado ninguna medida de *performance* de innovación directa, sino que obtuvieron datos de los determinantes sin medir operativamente el concepto. Se trata de una variable dependiente compleja y mutidimensional que no puede ser tratada como una variable observable (Wolff & Pett, 2006).

La muestra de estudio la forman las empresas que forman parte de los parques científicos-tecnológicos de Cataluña seleccionados en base un método lógico. Los datos de las variables observables se obtuvieron de la información depositada directamente por las empresas en el Registro Mercantil, a través de la base de datos SABI.

Nos inclinamos por una metodología cuantitativa frente a un análisis cualitativo basado en encuestas directas a empresas. El motivo principal de esta elección fue eliminar el factor subjetivo y obtener una muestra con suficiente representatividad y significancia para realizar un análisis estadístico concluyente.

El estudio empírico se ha dividido en tres etapas (1) Análisis estadístico descriptivo, (2) Análisis Factorial de componentes principales y (3) Análisis discriminante.

En el análisis estadístico descriptivo se definieron subgrupos en base los criterios (1) Tamaño de empresa, (2) Edad y (3) Rentabilidad como porcentaje de los Resultados antes de impuestos sobre facturación. En base a la distribución de subpoblaciones y los datos estadísticos de la muestra, se ha realizado una primera aproximación al tema de estudio.

En una segunda etapa, se ha llevado a cabo un análisis factorial multivariante por el método de componentes principales. Uno de los objetivos de este estudio estadístico es reducir el número de variables observable identificando las variables latentes que las agrupan y obtener un modelo explicativo del comportamiento innovador de las empresas. Un aporte adicional de la metodología de análisis de componentes principales es que reduce el riesgo de que un solo indicador domine los resultados del análisis de clústeres y previene la inclusión de variables irrelevantes. A través de este análisis estadístico nos aseguramos que las variables latentes identificadas no están correlacionadas evitamos que el peso de una variable sea demasiado elevado y un factor domine los resultados del análisis.

Finalmente se ha realizado un análisis discriminante, partiendo de la hipótesis de que existe una relación positiva entre los determinantes del comportamiento innovador de una empresa y el tipo de parque científico al que pertenecen.

El análisis discriminante crea un modelo predictivo de pertenencia a un grupo. El modelo está compuesto por un conjunto de funciones discriminantes basadas en combinaciones lineales de las variables predictivas que proporcionan la mejor discriminación posible entre los grupos. Las funciones se generan a partir de una muestra de casos para los que se conoce el grupo de pertenencia; posteriormente, las funciones pueden ser aplicadas a nuevos casos de los cuales disponemos de mediciones para las variables pero se desconoce el grupo de pertenencia.

Uno de los objetivos fijados en este estudio es la identificación de tipologías de empresas en función de su comportamiento innovador, basándonos en el hecho de que existe un consenso en la literatura sobre la falta de homogeneidad en el comportamiento innovador de las empresas y la posibilidad de identificar grupos de empresas con patrones similares de innovación que puedan ser conceptualizados y ordenados en categorías.

Como resultado del análisis discriminante identificamos tres grupos de empresas que interpretamos como modos de innovación, basándonos en la clasificación de comportamiento innovador de Schumpeter.

Selección de la muestra

La selección de la muestra no ha sido aleatoria sino dirigida, seleccionando el parque científico más significativo de cada tipología identificada en la bibliografía.

Se seleccionaron los siguientes parques científicos-tecnológicos (1) Parc Científic de Barcelona (PCB), ubicado en el campus y gestionado directamente por la universidad de Barcelona (2) Parc de Recerca de la Universitat Autònoma de Barcelona (PR UAB) como parque científico ubicado en el campus de la universidad y gestionado por un consorcio y (3) Parc Tecnològic de Vallès (PTV) como parque situado fuera del campus universitario, promovido y gestionado por un consorcio, con débil presencia de la universidad en los órganos de gestión.

El análisis se realizó a nivel empresa a través de los datos financieros y económicos obtenidos del Registro mercantil, incluyendo, por lo tanto la muestra todas las empresas con datos disponibles en el Registro Mercantil.

El Parc Científic de Barcelona (PCB)[5], es una estructura pionera del sistema de I+D+i en Cataluña. Creado por la Universidad de Barcelona, se encuentra ubicado en el *Campus* Diagonal. El PCB acoge a 1.400 profesionales, 30 empresas, una incubadora de empresas biotecnológicas desde el 2002, 3 institutos, 50 grupos de investigación y una amplia oferta tecnológica de soporte a la investigación. Desarrolla su actividad en las áreas emergentes de la investigación química, farmacéutica y biotecnológica, así como en nanobioingenieria.

La confluencia de centros de investigación universitarios, institucionales y empresariales hacen del Parc Científic de Barcelona un entorno dinamizador de la transferencia de conocimiento, potenciando la creación de nuevas empresas de base tecnológica, de unidades mixtas público-privadas de proyectos cooperativos y de otras fórmulas de colaboración.

El Parc de Recerca UAB[6]. Su creación se vio precedida por el desarrollo e implantación, en el *campus* de Bellaterra de un gran número de centros e institutos de investigación singular de gran interés para el entorno socio-económico de la Universidad. Este proceso desembocó en la creación del Parc de Recerca UAB (PRUAB) que responde a la voluntad de sus promotores (UAB, CSIC e IRTA) de articular los recursos y conocimientos ya invertidos en estos centros e institutos de investigación, y crear sinergias entre sus actividades, las de la universidad y el entorno económico y social que les rodea.

[5] www.pcb.ub.es
[6] www.uab.es

El PR UAB cuenta con 25 institutos y centros de investigación públicos y privados (3 en construcción), 19 Empresas *spin off*, 4 incubadoras especializadas, 5.000 m2 para la instalación de grupos de investigación industrial y 4000 investigadores entre la universidad y los centros de investigación. Sus áreas prioritarias son: La biotecnología y biomedicina, las ciencias medioambientales y agroalimentarias y las ciencias sociales y humanas.

El **Parc Tecnològic del Vallès**[7], es un recinto diseñado para satisfacer las necesidades específicas de las nuevas empresas tecnologías. Su misión es facilitar un entorno asequible y rico en recursos, donde las empresas ya establecidas expandan sus actividades y donde nazcan nuevas iniciativas, generando sinergias entre empresas e instituciones y potenciando la transferencia de tecnología, la difusión de información y conocimientos con potencial de generar oportunidades empresariales.

Este parque tecnológico está abierto a todo tipo de empresas pero se solicita a las empresas industriales ya constituidas que deseen instalarse en el Parque, que dispongan de departamentos propios de I+D, y que estén dispuestas a llevar a cabo algunas de estas actividades en el PT Vallès. Las empresas de origen internacional que escojan el PT Vallès habrán de demostrar que tienen un valor añadido tecnológico tal como adaptaciones de ingeniería y nacionalización de productos. El PT Vallès no acepta las actividades puramente comerciales y administrativas de empresas que, contando con actividades de I+D ubicadas en otros lugares, no han proyectado trasladarlas al PT Vallès.

[7] www.ptv.es

El PTV se creó en el año 1987 por la sociedad Parc Tecnològic del Vallès, S.A., participada por el CIDEM y el Consorcio de la Zona Franca de Barcelona. Las entidades que actualmente tiene participación en la sociedad son las siguientes: Centre d'Innovació i Desenvolupament Empresarial (CIDEM), Consorci de la Zona Franca de Barcelona (CZF), Mancomunitat de Municipis de l'Àrea Metropolitana de Barcelona, Ajuntament de Cerdanyola del Vallès, Ajuntament de Sant Cugat del Vallès, Ajuntament de Terrassa, Universitat Autònoma de Barcelona (UAB), Universitat de Barcelona (UB), Universitat Politècnica de Catalunya (UPC), Institut Químic de Sarrià (IQS), Consejo Superior de Investigaciones Científicas (CSIC), Laboratori General d'Assaigs i Investigacions de Catalunya (LGAI), Institut Català de Tecnologia (ICT), Cambres Oficials de Comerç i Indústria de Sabadell i Terrassa, Escola Superior d'Administració i Direcció d'Empreses (ESADE), Instituto de Estudios Superiores de Empresa (IESE), Banc Sabadell, Caixa d'Estalvis de Sabadell, Caixa d'Estalvis de Terrassa

El Parc Tecnològic del Vallès alberga 150 entidades con una facturación total de 900,32 millones de €, ocupan 3.259 personas y tienen una inversión acumulada de 197,83 millones de €.

Según los datos aportados por el PTV el perfil de empresas instaladas actualmente corresponde a 65% nacionales y 35% extranjeras; el 32% son empresas de nueva creación, 39% traslados al parque, 16% son expansiones y aperturas de nuevos centros de trabajo de empresas extranjeras y el 13% expansiones de empresas que ya operaban en España. Cabe destacar que a medida que se ha ido consolidando el proyecto del parque, ha ido perdiendo peso el espacio compartido para diversas Pymes, frente a los edificios propiedad de una empresa o de un grupo empresarial.

Unidad de análisis

La unidad de análisis son las empresas registradas en el Registro Mercantil Español que forman parte de la muestra de parques científicos seleccionada. Se utilizó como fuente los datos depositados en el registro mercantil al cual accedimos a través del sistema SABI. Se trata de una muestra poblacional ya que incluye la totalidad de empresas ubicadas en estos parques científicos a excepción de las sucursales de empresas extranjeras.

Hay que tener en cuenta que la muestra contiene tanto empresas de nueva creación como empresas consolidas, sin garantizar que la propiedad sea independiente, ya que los parques científicos albergan no solo empresas independientes dirigidas por emprendedores sino también empresas que forman parte de grupos empresariales nacionales y cuyo último propietario se encuentra fuera del parque científico. Este criterio de selección de la muestra está acorde al trabajo realizado sobre empresas tecnológicas por (Tether & Storey, 1998).

La muestra está formada por 246 entidades de las cuales 132 corresponden a empresas mercantiles con balances y cuentas de explotación registradas en el Registro Mercantil y las 114 entidades restantes corresponden principalmente a centros y grupos de investigación que no se valoraron en nuestra investigación. Se consiguieron los datos completos de 116 empresas.

Selección de las variables

La identificación de las variables utilizadas en el estudio empírico se realizó a través de un análisis exhaustivo de la literatura, seleccionado aquellas variables asociadas al comportamiento innovador de las empresas.

Las variables incluidas en el análisis factorial fueron: Número de empleados, Facturación, Total de activos, Fondos propios, Resultados antes de impuestos, Antigüedad, Sector de actividad y Tipo de parque científico. Teniendo en cuenta que el método utilizado para estimar los parámetros del modelo factorial (*máximum likelihood procedure* ML) requiere variables métricas, hemos definido categorías de clasificación ordinales para transformar en variables categóricas las nominales Sector de actividad y Parque tecnológico.

Uno de los determinantes de la innovación más referenciado en los estudios realizados sobre innovación organizacional es el tamaño de la empresa. El concepto tamaño de empresa se refiere a la escala de las operaciones que lleva a cabo una organización (Chandy & Tellis, 2000) y las variables observables asociadas a este concepto más utilizadas, son: Número de empleados (Wolff & Pett, 2006), (Coombs et al., 1996), Facturación (Barge-Gil, Vásquez, & Modrego, 2011) y Total de activos (Chandy & Tellis, 2000) y (Wolff & Pett, 2006) .

Número de empleados

La utilización de la variable Número de empleados, además de ser uno de los indicadores más referenciados para medir tamaño de empresa, tiene otras connotaciones especiales ya que está vinculada a muchos de los problemas detectados en las grandes empresas, tales como burocracia e inercia al cambio (Chandy & Tellis, 2000).

Facturación

La variable Facturación es una medida de tamaño y está relacionada principalmente con las economías de escala de la empresa (Ansari & Krop, 2012). Un mayor nivel de ventas permite repercutir mejor los costes fijos de I+D y mantener unas instalaciones científicas *state-of-the-art*, así como contratar personal científico de alto nivel. (Chandy & Tellis, 2000) indica que el nivel elevado de facturación también está relacionado con el grado de control del mercado y los resultados de la empresa.

Total de activos

La variable Total de activos además de ser una medida de tamaño valora la infraestructura de la empresa. (Love & Ashcroft, 1999) encuentra una asociación positiva entre el tamaño de las instalaciones y el nivel de innovación, sin embargo, destaca que esta variable juega un papel menos importante una vez la empresa ha superado el umbral inicial mínimo.

Fondos propios

La variable Fondos propios es una medida de la capacidad financiera de la empresa y están relacionada, tal como indica (Ansari & Krop, 2012) con la capacidad de introducir innovaciones radicales en el mercado. Este autor vincula este indicador con las capacidades técnicas y la disposición de una empresa a aplicar economías de alcance (*scope*) para diversificar el riesgo de los nuevos desarrollos. Los Fondos propios, son además una medida de la autonomía financiera.

Resultados antes de impuestos

La variable Resultados antes de impuestos es un indicador de los resultados económicos y de la autonomía financiera de la empresa. Es interesante la apreciación realizada por (Wolff & Pett, 2006) en la utilización de la variables Resultados antes de impuestos como indicador financiero de *business performance*, ya que, tal y como remarca este autor, si las empresas no tienen la capacidad de alcanzar una masa crítica de ventas, la información que nos aporta este indicador es irrelevante.

Como indicador de autonomía financiera de la empresa incrementa las posibilidades de llevar a cabo inversiones en I+D y generar innovaciones internamente (Love & Ashcroft, 1999).

Antigüedad

La variable Antigüedad medida como años desde la constitución de la empresa nos permite distinguir entre empresas de reciente creación, nuevas empresas tecnológicas (NTBFs) y empresas consolidadas en el mercado (*incumbent firms*). Cabe destacar que los determinantes tamaño y edad confieren similares características a las empresas.

Sector

La variable Sector de actividad, inicialmente nominal, se transformó en una variable categórica mediante la definición de cuatro categorías ordenadas en función de la intensidad tecnológica.

La clasificación por sector de actividad incluye la paradoja de que cualquier clasificación sectorial desarrollada, a nivel universal, es poco probable que se mantenga a medio y largo plazo, ya que los límites cambian rápidamente. Según indican (O'Regan & Sims, 2008) el uso de los códigos tradicionales de clasificación SIC, no resulta útil para medir la competencia técnica, particularmente cuando la norma es la innovación radical o disruptiva. Además, la clasificación sectorial de las actividades es compleja, ya que el éxito de la investigación radica en la interrelación entre disciplinas.

Por ello se ha optado por utilizar la clasificación de sectores realizada por la OCDE, en base a la intensidad de la producción tecnológica medida como la intensidad en I+D y el uso de tecnología.

Para una clasificación inicial de los sectores en los que operan las empresas que forman parte de los parques científicos utilizamos la clasificación sectorial de APTE, incluyendo los servicios de I+D, basándonos según el informe (Apte, 2011).

Tabla 5.2. **Clasificación sectores APTE**

Sectores APTE
Aeronáutica y Automoción
Agroalimentación y Biotecnología
Electrónica
Energía y medio ambiente
Formación y Recursos Humanos
Industrial
Información, Informática y Telecomunicaciones
Ingeniería, consultoría y Asesoría
Medicina y salud

Fuente: (APTE, 2011)

La variable nominal sector APTE se transformó en ordinal según las cuatro categorías incluidas en la clasificación (OCDE Science, 2009), en base al nivel de intensidad tecnológica: alta (1), media-alta (2), media-baja (3) y baja (4). Cabe destacar que hemos ampliado esta calificación incorporando también servicios e identificando cuáles de ellos corresponden a alta tecnología según los trabajos realizados por (Castellacci, 2008) y (Peneder, 2010).

Tabla 5.3 **Categorización según criterio OCDE**

Sector	Categoría
I+D	1
Información, Informática y Telecomunicaciones	1
Medicina y salud	1
Ingeniería, consultoría y Asesoría	1
Electrónica	2
Aeronáutica y Automoción	2
Energía y medio ambiente	3
Agroalimentación	4
Industrial	4

Fuente: (OCDE Science, 2009)
Elaboración: Propia

Tipo de parque científico

La variable Parque científico, inicialmente nominal, se transformó en ordinal mediante la definición de tres categorías, ordenadas de forma decreciente en función del nivel de vinculación con la universidad.
Tomamos como criterio para la definición de la escalada el vínculo formal que mantiene el parque con la universidad. A pesar de que en la literatura se refieren dos indicadores para medir la intensidad del vínculo universidad-parque científico (1) el contexto institucional (Siegel et al., 2003) y (2) la distancia al campus de la universidad (Link & Scott, 2006), priorizamos el primer aspecto en la definición de las categorías de clasificación.

En el trabajo realizado por (Link & Scott, 2006) determina una relación positiva entre distancia a la universidad, medida como millas que separan al parque del campus universitario e intercambio de conocimiento. Sin embargo, no existe una vinculación directa entre distancia geográfica y participación en la gestión de la universidad. Tal como indica (Quintas et al., 1992) la universidad puede participar en la gestión del parque científico tanto si se encuentra dentro del campus universitario como a kilómetros de distancia, y en algunos casos la universidad promueve e instrumenta la creación del parque científico dentro de su propio campus pero no participa financieramente. Este mismo autor refiere también la importancia de la naturaleza de la relación formal entre la universidad y el parque científico y su influencia sobre el desempeño de los parques científicos. Considera que las relaciones formales permiten un mayor control y nivel de interacción.

Para la definición de la variable categórica ordinal Tipo de parque científico, se han tomado como referencia las tres categorías definidas por (Siegel et al., 2003) en base al grado de participación de la universidad en la gestión del parque científico. (1) Parques científicos creados directamente por la universidad, organismo que lo financia, dirige y gestiona. (2) Creación de una *joint venture* que involucra a la universidad y a inversores privados, teniendo el órgano de gestión personalidad jurídica propia. (3) Estrategia de cooperativa en la que los socios trabajan conjuntamente en una estructura flexible e informal, esta estrategia solo involucra de forma limitada a la universidad y a los académicos en el funcionamiento diario del parque.

Tabla 5.4 **Categorización según vinculación**

Parque científico	**Categoría**
Parc Científic UB	1
Parc recerca UAB	2
Parc tecnològic Vallès	3

Fuente: (Siegel et al., 2003)
Elaboración: Propia

Las tres categorías identificadas de parques científicos son (1) Parque científico promovido y gestionado directamente por la universidad. (2) Parque científico promovido por una universidad y gestionado por un consorcio con vínculos fuertes con la universidad. (3) Parque promovido y gestionado por un consorcio con débil presencia de la universidad en los órganos de gestión.

Adjuntamos el cuadro descriptivo de las variables utilizadas en el análisis estadístico.

Tabla 5.5 **Naturaleza de las variables**

Variable	**Estimador**	**Tipo de variable**	**Valores**	**Tipo de medida**
Antigüedad	años	Cuantitativa discreta	nº de años	Escalar
Facturación	miles €	Cuantitativa continua	numérica	Escalar
Nº empleados	Personas	Cuantitativa discreta	numérica	Escalar
Total activos	miles €	Cuantitativa continua	numérica	Escalar
Fondos propios	miles €	Cuantitativa continua	numérica	Escalar
Resultados antes impuestos	miles €	Cuantitativa continua	numérica	Escalar
Sector actividad	Intensidad tecnológica	Cualitativa ordinal	Ordenados según intensidad tecnológica del sector: 1.- alta 2.- media-alta 3.- media-baja 4.- baja	Ordinal
Parque tecnológico	Vinculación a la Universidad	Cualitativa ordinal	Ordenados por vinculación con la universidad: 1.- Promovido y gestionado por la universidad 2.- Promovido por la universidad y gestionado por un consorcio 3.- Promovido y gestionado por un consorcio	Ordinal

Elaboración: propia

Pruebas de normalidad

Variables cuantitativas

Al representar los histogramas de las variables cuantitativas seleccionadas encontramos que todas tienen una distribución normal. Los valores del test de Shapiro-Wilk y Kolmogorov-Smirnov (K-S) confirman que la distribución de la muestra es normal siendo el valor de significancia p < 0 ,01, así como el estadístico de corrección de significancia de Lilliefors p < 0,001.

Tabla 5.6 **Test de normalidad - Variables cuantitativas**

	Kolmogorov-Smirnov[a]			Shapiro-Wilk		
	Statistic	**df**	**Sig.**	**Statistic**	**df**	**Sig.**
Antigüedad años	,158	116	,000	,841	116	,000
Facturación	,337	116	,000	,446	116	,000
Resultado antes impuestos	,331	116	,000	,440	116	,000
Total de activo	,368	116	,000	,349	116	,000
Fondos propios	,370	116	,000	,360	116	,000
Número de empleados	,324	116	,000	,482	116	,000

Variables categóricas

Los valores del test de Shapiro-Wilk y Kolmogorov-Smirnov (K-S) para las variables categóricas Sector y Parque científico confirman que la distribución de la muestra es normal siendo el valor de significancia p<0,01, así como el estadístico de corrección de significancia de Lilliefors p < 0,00.

Tabla 5.7 **Test de normalidad – Variables categóricas**

	Kolmogorov-Smirnov[a]			Shapiro-Wilk		
	Statistic	**df**	**Sig.**	**Statistic**	**df**	**Sig.**
Sector actividad	,401	116	,000	,636	116	,000
Parque científico	,428	116	,000	,614	116	,000

a. Lilliefors Significance Correction

5.4. Análisis estadístico descriptivo

Para el estudio descriptivo de la muestra se definieron subgrupos en base a las siguientes categorías:

(1) Tamaño de empresa, según definición de la UE (Commission, 2009)

(2) Edad, según definición de NTBF (Reynolds et al., 1994) y empresa de nueva constitución

(3) Rentabilidad, como % de Resultados antes de impuestos sobre el total de facturación.

La composición de los grupos ha sido la siguiente:

Tabla 5.8 **Subgrupos en función de Tamaño**

		Nº empresas	**%**	**% Ajustado**	**% acumulado**
Validos	**Microempresa**	65	49,2	49,6	49,6
	Pequeña empresa	35	26,5	26,7	76,3
	Mediana empresa	22	16,7	16,8	93,1
	Gran empresa	9	6,8	6,9	100,0
	Total	131	99,2	100,0	
Perdidos	**Sistema**	1	,8		
Total		132	100,0		

Observamos que la mayor parte de las empresas (93,1%) corresponden a la categoría de pequeña y mediana empresa, destacando la importancia en la muestra de las microempresa (49,2%). La proporción de grandes empresas es baja, sin embargo, influyen significativamente en el valor medio de las variables asociadas al tamaño de las empresas: Facturación, Número de empleados, Total de activos y Fondos propios.

Tabla 5.9 **Subgrupos en función de Edad**

		Nº empresas	%	% Ajustado	% Acumulado
Validos	<= 5 años	29	22,0	22,1	22,1
	5-25 años	90	68,2	68,7	90,8
	> 25 años	12	9,1	9,2	100,0
	Total	131	99,2	100,0	
Perdidos	System	1	,8		
Total		132	100,0		

Respecto a la antigüedad de las empresas, el 90,8% de la muestra correspondería a la categoría de NTBF definida por (Reynolds et al., 1994), mientras que 9,2% son empresas consolidadas.

Tabla 5.10 **Subgrupos en función de Rentabilidad**

		Frecuencia	%	% Valido	% Acumulado
Validos	Perdidas	49	37,1	37,4	37,4
	Beneficio <=10%	56	42,4	42,7	80,2
	Beneficio >10%	26	19,7	19,8	100,0
	Total	131	99,2	100,0	
Perdidos	Sistema	1	,8		
Total		132	100,0		

Al estudiar la rentabilidad económica observamos que la mayor parte de las empresas que forman parte de los parques científicos obtienen resultados positivos con rentabilidades moderadas (42,47%), un 19,8% de empresas rentabilidades altas superiores al 10%, y el 37,4% restante presentan resultados negativos.

Si representamos gráficamente la distribución de los subgrupos asociados a Edad y Tamaño frente a Parque científico, obtenemos los siguientes gráficos de barras:

Figura 5.2 **Edad vs. Parque científico**

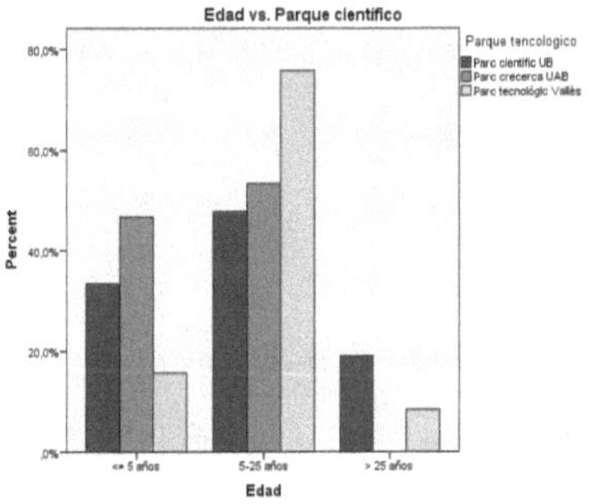

Figura 5.3 **Tamaño vs. Parque Científico**

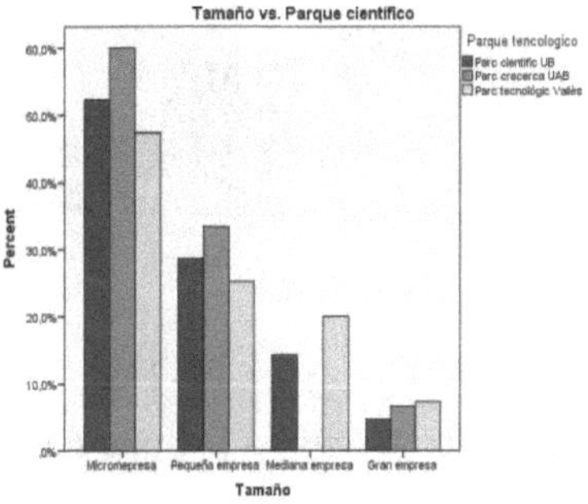

Respecto a la representación de los subgrupos edad, observamos que en el Parc de Recerca UAB sólo encontramos empresas con menos de 25 años, que podríamos identificas como NTBFs, siendo un 45% del total de reciente creación. Salvo una excepción todas entran dentro de la categoría de micro y pequeñas empresas. En el Parc Científic de Barcelona, un 80% corresponde al perfil de empresas NTBFs, de las cuales el 35% son de reciente creación y un 20% empresas consolidadas. El 80 % corresponden al grupo de micro y pequeñas empresas, pero también encontramos un 15% de empresas medianas y un 5% de grandes empresas.

En el Parc tecnològic del Vallès, el 90% de las empresas corresponden a la categoría NTBF, pero solo el 18% son de reciente creación. En este parque también encontramos empresas consolidadas pero en menos proporción que en el Parc Científic de Barcelona (10%).

Figura 5.4 **Distribución subgrupos Rentabilidad vs. Parque Científico**

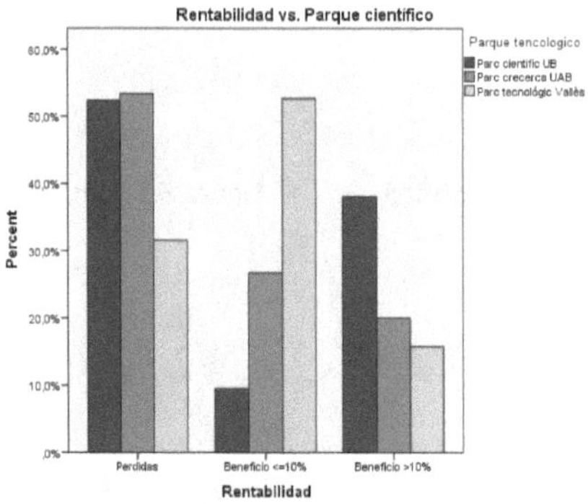

En la representación de las rentabilidades, los peores resultados se observan en las empresas que forman parte del PR UAB y del PCB. En el primer caso un 54% de las empresas presentan perdidas, el 28% beneficios moderados y el 22% beneficios altos. Los resultados en el PCB están más polarizados ya que el 52% de las empresas presentan pérdidas y un 40% beneficios elevados, la meno parte de la muestra, un 10% presentan beneficios moderados.

El PTV es el que presenta una menor proporción, el 30%, de empresas con pérdidas, sin embargo también es el que presenta una menor proporción de empresas con beneficios superiores al 10%, un 18%. La mayor proporción de empresas, un 54% presentan beneficios positivos moderados.

Una vez estudiado el comportamiento de las empresas, en base a estos tres criterios en función del Parque científico, evaluamos esta distribución en función de la intensidad tecnológica del sector de actividad en el que opera la empresa.

Figuras 5.5 **Edad vs. Sector**

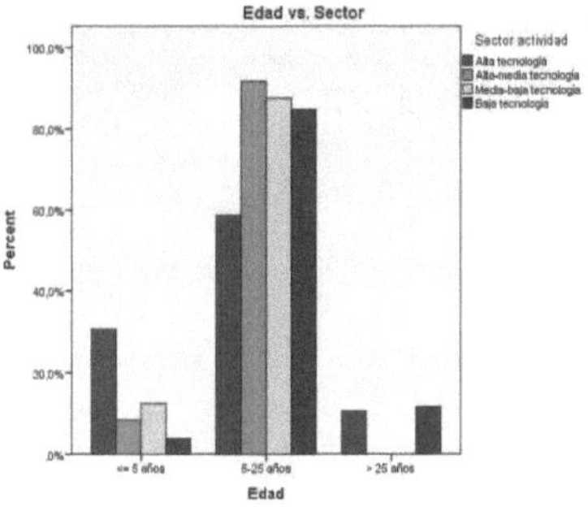

Figura 5.6 **Tamaño vs. Sector**

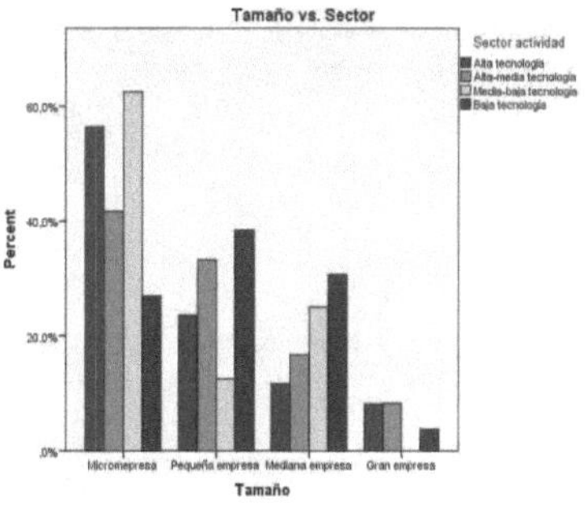

Respecto a la edad de las empresas en función del sector al que pertenecen, cabe destacar que en todos los sectores encontramos mayoritariamente empresas tipificadas como NTBF, de entre 5 y 25 años, a excepción en los sectores de alta tecnología donde conviven una proporción elevada de empresas de nueva creación (36%) con empresas constituidas de + 25 de años (10%). Respecto al tamaño, la mayor parte de las empresas medianas corresponden a los sectores de media-baja y baja tecnología, habiendo una proporción mayor de microempresas en los sectores de alta tecnología (58%).

Al estudiar la edad media de la empresa en función del sector de actividad, encontramos que las empresas con una mayor edad media pertenecen al sector industrial, seguido del Agroalimentación y energía y medio ambiente, estando estos sectores incluidos en las categorías de tecnología media-baja y baja. En el análisis de cajas se pudo observar que las mayores amplitudes intercuadriles corresponden al sector medicina y salud, en la categoría de sectores de alta tecnología, donde conviven empresas de muy reciente formación con otras de mayor edad.

Figura 5.7 **Distribución de subgrupos Rentabilidad vs. Sector**

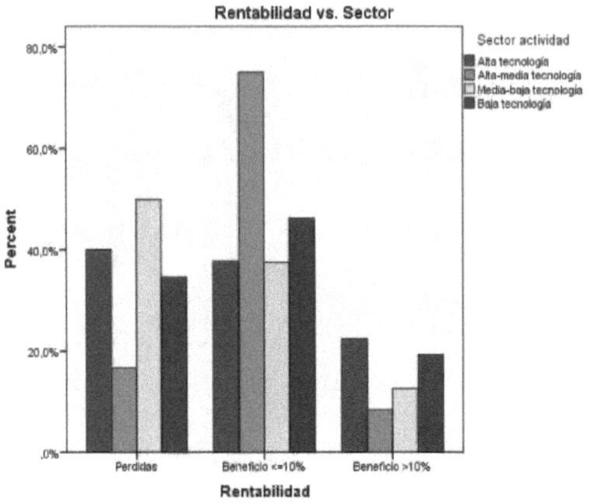

Si observamos rentabilidad, nos llama la atención el bajo número de empresas que presentan perdidas (18%) en los sectores de alta-media tecnología (Electrónica, aeronáutica y automoción) frente al resto de los sectores de actividad, y la elevada proporción de empresas (76%) que obtienen rentabilidades positivas moderadas en este sector.

Figura 5.8 **Sector vs. Parque científico**

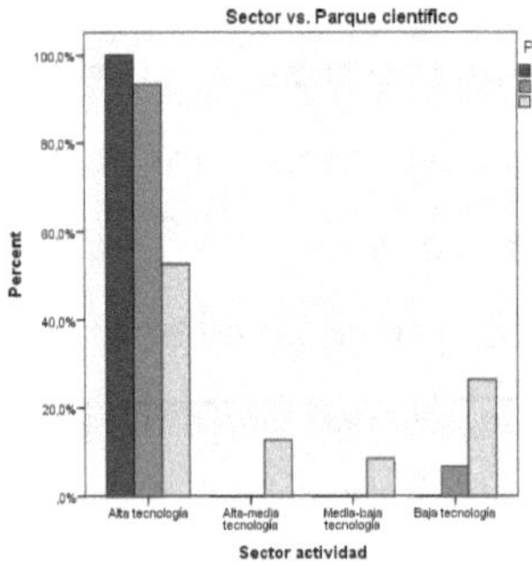

Figura 5.9 **Nº empresas vs Parque científico**

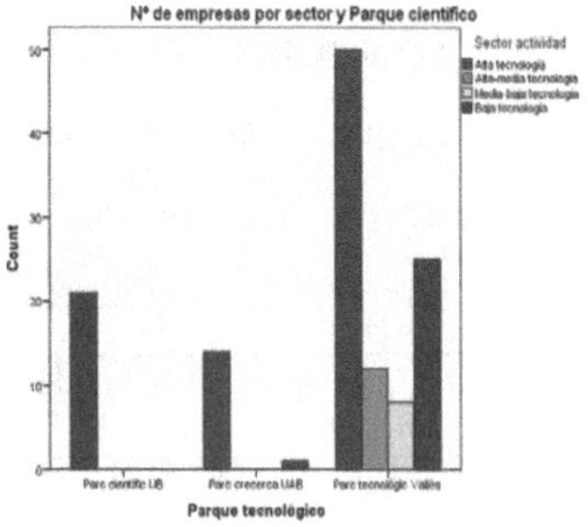

En la gráfica 5.8, se observa una especialización clara de los parques científicos (PCB y PR UAB) en los sectores de alta tecnología. Este hallazgo está justificado por el objetivo de especialización en determinadas áreas de conocimiento, definido en los estatutos del parque. En el caso Parc Tecnològic del Vallès, sin embargo, encontrando una distribución más homogénea de los sectores en los que operan las empresas aun teniendo en cuenta que la mayoría (29%) pertenecen a sectores de alta tecnología.

Representación de la dispersión

Figura 5.10 **Boxplot Facturación**

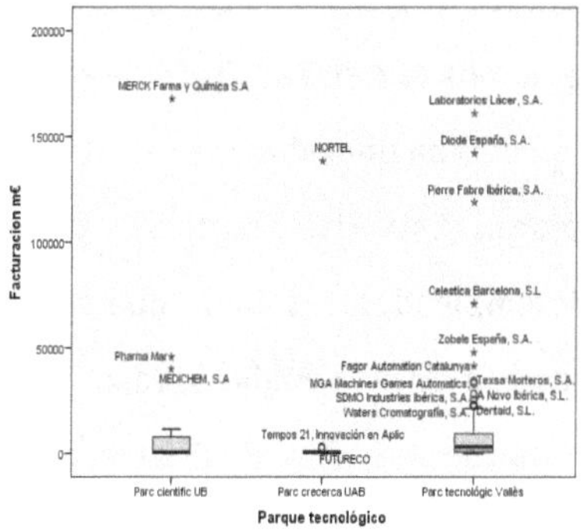

Figura 5.11 ***Boxplot* Nº de empleados**

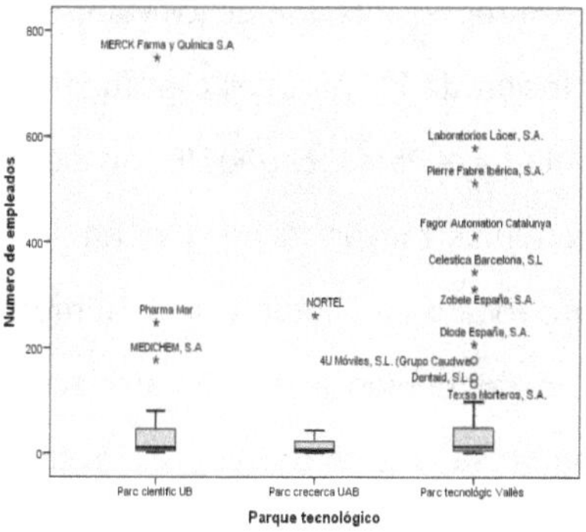

Las variables Facturación y Número de empleados presentan una gran dispersión en el Parc Cientifíc de Barcelona y en el Parc Tecnològic del Vallès. La muestra incluye desde microempresas a grandes empresas, siendo el rango de facturación de 10.000€ a 424,5 Millones de € con un valor promedio de 14,9 Millones de €. La dispersión de la muestra es menor en el caso del Parc de Recerca UAB considerando que la mayoría de las empresas que forman parte de este parque científico corresponden a la categoría de micro y pequeña empresa.

Figura 5.12 ***Boxplot*** **Antigüedad**

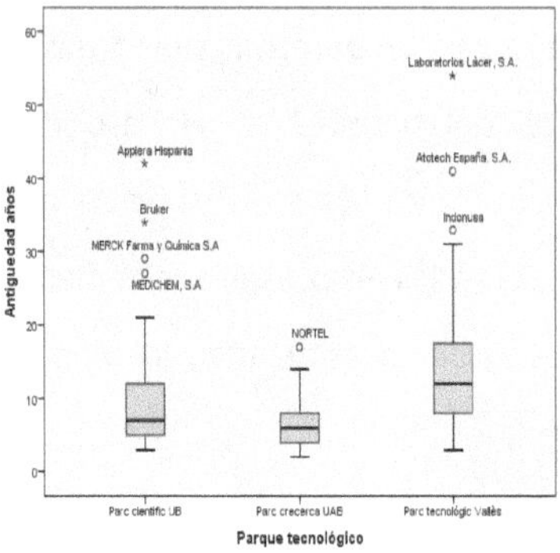

Figura 5.13 ***Boxplot*** **Resultados a.impuestos**

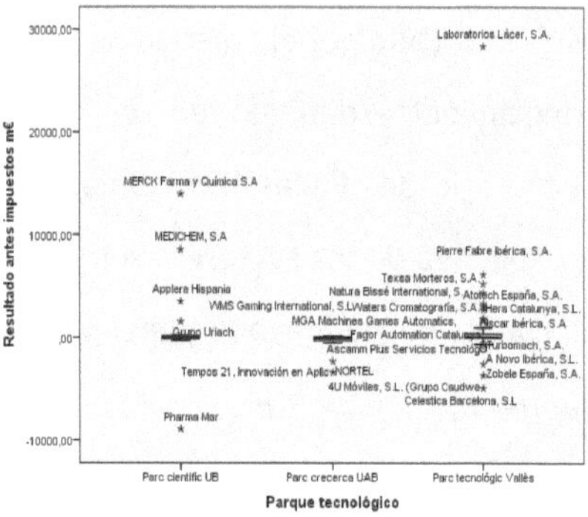

En la representación de los valores obtenidos de la variable Antigüedad en función de los parques científicos observamos que el Parc Tecnològic del Vallès y el Parc Científic UB son los que presentan una edad media superior con una mayor dispersión en los valores. Este dato coincide con el observado en Facturación y Número de empleados, resultado que cabría esperar debido a la alta correlación descrita entre tamaño y edad de la empresa. Las empresas más jóvenes se ubican en el Parc de Recerca UAB. Cabe destacar, asimismo, que la baja dispersión de la muestra podría indicarnos que estos parques científicos están actuando realmente como incubadoras de las *spin offs* creadas en el entorno universitario.

Respecto a la variable Resultados antes de impuestos la mayor dispersión la encontramos en el PCB, que alberga las empresas que presentan mayores benéficos en valor absoluto de la muestra, a excepción de Laboratorios Lacer ubicado en las instalaciones del Parc Tecnólogic Vallès. El PR UAB es el que presenta una menor dispersión en la variable Resultados antes de impuestos, destacando, sin embargo que el valor medio está próximo a cero

Figura 5.14 ***Boxplot* Total de activos**

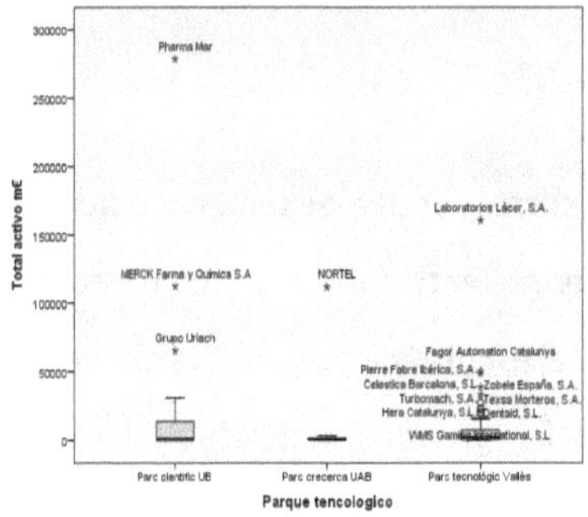

Figura 5.15 ***Boxplot* Fondos propios**

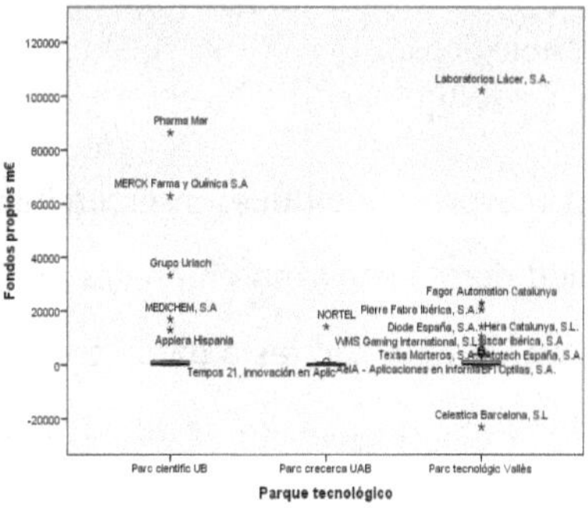

Figura 5.16 ***Boxplot* Antigüedad vs. Sector**

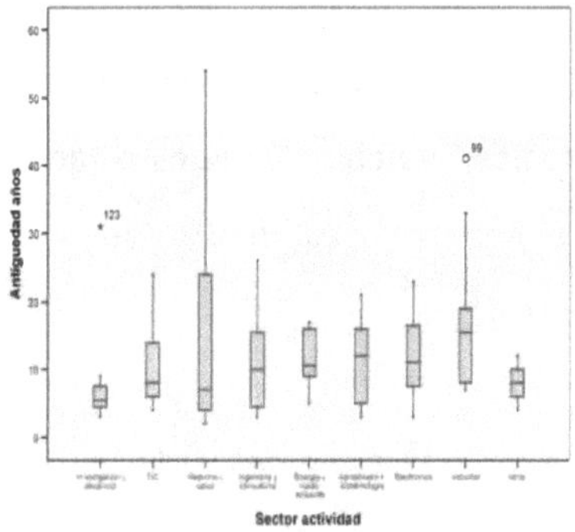

Al estudiar la antigüedad media de la empresa en función del sector de actividad, observamos que las empresas con una media de edad superior pertenecen al sector industrial, seguido de agroalimentación, y energía y medio ambiente, que corresponden a las categorías de tecnología baja y media-baja. Las empresas que pertenecen a estos sectores se encuentran instaladas principalmente en el Parc Tecnològic Vallès tal como podemos observar en la figura 5.7., hecho que podría sugerir que las empresas consolidadas en sectores de baja y media tecnología crean departamentos externos o bien desplazan sus oficinas a las instalaciones de los parques tecnológicos.

Las mayores amplitudes intercuadriles corresponden al sector medicina y salud donde conviven empresas de muy reciente formación con otras de mayor antigüedad, esta dato resulta Interesante ya que concuerda con la afirmación de que en sectores donde las grandes empresas lideran el mercado también encontramos nuevas empresas tecnológicas que tienen que ser innovadoras para poder sobrevivir (Audretsch & ACS Z.J., 1988).

5.5. Análisis factorial

En una segunda etapa se realizó un análisis factorial, cuyo objetivo es identificar los constructos, variables latentes o factores, que explican la configuración de las correlaciones dentro del conjunto de variables observables (indicadores).

El análisis factorial por componentes principales intenta identificar variables subyacentes que expliquen la mayoría de la varianza observada en un número mayor de variables. En base a estos resultados se pueden generar hipótesis relacionadas con mecanismos causales e identificar lo que los factores representan conceptualmente.

Un requisito de esta metodología es que las variables sean cuantitativas a nivel de intervalo o de razón, lo que nos ha obligado a transformar en categóricas las variables nominales sector y parque científico en base a una escalada lógica debidamente documentada.

A través del método de análisis factorial transformamos un conjunto de variables correlacionadas en otro conjunto de variables no correlacionadas o componentes principales. Cabe destacar que en el análisis se han utilizado variables que utilizan diferentes escalas, por lo que hemos seleccionado procedimientos de extracción factorial de máxima verosimilitud que permanecen invariantes al cambio de escala.

Medidas de adecuación

A fin de comprobar la adecuación de la muestra, se calcula la matriz de correlaciones intra-grupo combinada que se obtiene de promediar las matrices de covarianza individuales para todos los grupos.

Un análisis de componentes principales tiene sentido si existen altas correlaciones entre las variables, ya que esto es indicativo de que existe información redundante y, por tanto, pocos factores explicarán gran parte de la variabilidad total.

Tabla 5.11 **Matrices intra-grupo combinadas**

	Años	**Sector**	**Facturación**	**Resultados**	**Total activos**	**Fondos propios**	**Nº empleados**
Años	1	0,081	0,56	0,542	0,426	0,537	0,491
Sector act	0,081	1	-0,083	-0,062	-0,015	-0,069	-0,057
Facturación	0,56	-0,083	1	0,637	0,589	0,674	0,898
Resultados a. impuestos	0,542	-0,062	0,637	1	0,302	0,615	0,579
Total activos	0,426	-0,015	0,589	0,302	1	0,901	0,659
Fondos propios	0,537	-0,069	0,674	0,615	0,901	1	0,692
Nº empleados	0,491	-0,057	0,898	0,579	0,659	0,692	1

En la matriz de correlaciones observamos un grado elevado de multicolinealidad entre las variables que justifica la realización del análisis factorial y que corroboramos a través del cálculo del indicador de KMO y el test de esfericidad de Bartlett's.

Tabla 5.12 **KMO and Bartlett's Test**

Kaiser-Meyer-Olkin Adecuación de la medida		,655
Bartlett's Test de esfericidad	**Approx. Chi-Square**	673,927
	df	28
	Sig.	,000

El indicador de Kaiser-Meyer-Olkin contrasta si las correlaciones parciales entre las variables son adecuadas. Kaise, Meyer y Olkin aconsejan realizar un análisis factorial si el valor $KMO \geq 0,75$, si $0,75 > KMO \geq 0,5$ la idea es aceptable y si $KMO < 0,5$ es inaceptable. En nuestro estudio obtuvimos un valor de $KMO = 0,655$, valor superior al mínimo valor satisfactorio de 0,5.

El test de esfericidad de Bartlett's, se basa en el determinante transformado de la matriz de correlaciones y permite contrastar la doble hipótesis de que los elementos de la diagonal principal de la matriz son la unidad y el resto cero. El resultado nos confirma la idoneidad de los resultados al obtener un nivel de significancia $p < 0,01$.

Extracción de los componentes principales

A partir de la matriz de correlaciones, se ha elaborado una matriz, realizando un proceso de extracción de los factores para formar combinaciones lineales no correlacionadas de las variables observadas, a través del método de componentes principales. Las componentes identificadas explican progresivamente proposiciones de menores varianza y no están correlacionadas entre sí.

Como primer paso se calcularon las comunalidades iniciales de las variables, los autovalores *(eigenvalues)* y el porcentaje de varianza explicada por los factores subyacentes.

Se denomina comunalidad a la proporción de varianza explicada por los componentes, los valores varían entre 0 y 1. Una comunalidad cercana a cero significa que los componentes principales no explican nada la variabilidad de una variable, mientras que un valor uno indica que la variable queda totalmente explicada por el factor. Se observa que todas las variables seleccionadas en el estudio presentan comunalidades significativas superiores a 0,5.

Tabla 5.13 **Comunalidades**

	Inicial	**Extracción**
Antigüedad años	1,000	,591
Sector actividad	1,000	,599
Parque tecnológico	1,000	,671
Facturación	1,000	,774
Resultado antes impuestos	1,000	,516
Total de activos	1,000	,700
Fondos propios	1,000	,827
Número de empleados	1,000	,793

Método de extracción: Análisis de Componentes principales

Se ha aplicado el método de extracción de análisis por componentes principales para identificar las variables latentes explicativas a través de sus autovalores *(eigenvalues)*.

Tabla 5.14 **Autovalores (Criterio de Kaiser)**

Componente	Autovalores inciales			Raices latentes	
	Total	% Varianza	Acumulada %	Total	% Varianza
1	3,997	49,965	49,965	3,997	49,965
2	1,474	18,424	68,389	1,474	18,424
3	,796	9,949	78,339		
4	,649	8,109	86,447		
5	,503	6,282	92,729		
6	,439	5,484	98,213		
7	,111	1,389	99,602		
8	,032	,398	100,000		

Tabla 5.15 **Varianza total explicada**

Componente	Extraction Sums of Squared Loadings	Rotation Sums of Squared Loadings		
	Acumulada %	Total	% Varianza	Acumulada %
1	49,965	3,985	49,811	49,811
2	68,389	1,486	18,578	68,389

Método de extracción: Análisis de Componentes principales.

Para la selección del número de factores hemos utilizado el criterio de *latent root* requiriendo que los *eigenvalues* o autovalores sean mayores que 1, conocido como el criterio de Kaiser.

Se han identificado dos componentes principales con raíces latentes superiores a 1, el factor 1 con un valor de 3,98 y el factor 2 con 1,49. Se seleccionaron dos componentes principales asociadas a dos variables subyacentes. La primera componente principal explica el 49,8 % de la varianza de la muestra y la segunda el 18,58 %, explicando en total el 68,39% de la varianza de la muestra. En el gráfico de sedimentación se representa la varianza asociada a cada factor y nos permite confirmar el número de factores a considerar. Se observa una clara ruptura de la inclinación a partir del segundo factor, que corresponde a los resultados obtenidos al aplicar el criterio de Kaiser.

Figura 5.16 **Gráfico de sedimentación**

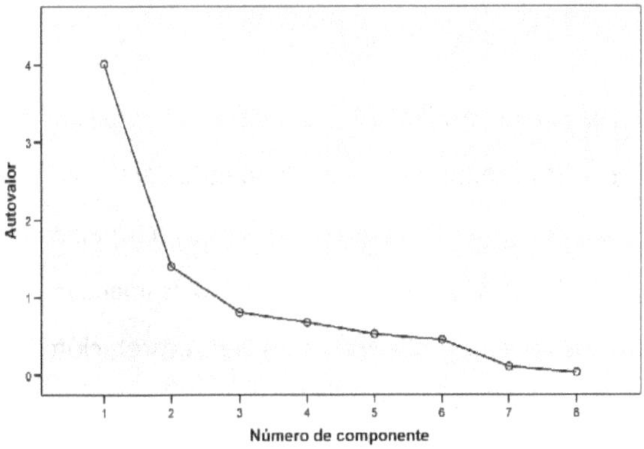

Posteriormente se ha realizado la extracción, aplicando una rotación ortogonal (Varimax) para maximizar la varianza explicada y simplificar la interpretación de los factores, y se ha calculado la matriz de correlaciones (cargas) de los dos componentes principales.

Tabla 5.16 **Matriz de componentes principales rotados**

	Componente	
	1	**2**
Número de empleados	,890	-,041
Fondos propios	,885	-,209
Facturación	,880	,001
Total de activos	,795	-,261
Resultado antes impuestos	,711	,100
Antigüedad años	,705	,307
Parque científico	-,038	,818
Sector actividad	-,005	,774

Método de extracción: Análisis de componentes principales.
Método de rotación: Normalización Varimax con Kaiser. Convergencia en 3 iteraciones.

Para valorar el índice de correlación entre las variable y el factor, e interpretar el significado de las variables subyacentes, utilizamos los pesos factoriales tomando como valor de corte 0,5. Cabe destacar que no hay un consenso generalizado sobre el valor de corte optimo, aunque algunos autores refieren un valor mínimo de 0,5 (García Jiménez, Gil Flores, & Rodríguez Gómez, 2000).

Hay tener en cuenta que el nivel de exigencia al valorar si una carga expresa relación o si es suficientemente elevada, depende del tamaño de la muestra y del número de variables incluidas en el análisis factorial. En nuestro caso, la muestra es significativa y el número de variables adecuado por lo que en la selección de las variables utilizadas para la interpretación de los factores podemos aplicar el valor de corte de 0,5.

En base a este criterio las variables asociadas al factor 1 son Fondos propios, Número de empleados, Facturación, Total de activos, Resultados antes de impuestos y Antigüedad de la empresa. Estas variables se asocian a tamaño, edad, infraestructura y capacidad financiera y corresponden a las identificadas en la bibliografía como "factores internos del comportamiento innovador".

Las variables asociadas al factor 2 por orden de importancia son Parque tecnológico y Sector de actividad. Las variables asociadas a este factor corresponden a las identificadas en la bibliografía como "factores contextuales del comportamiento innovador" de las empresas.

Figura 5.17 **Gráfico de componentes en espacio rotado**

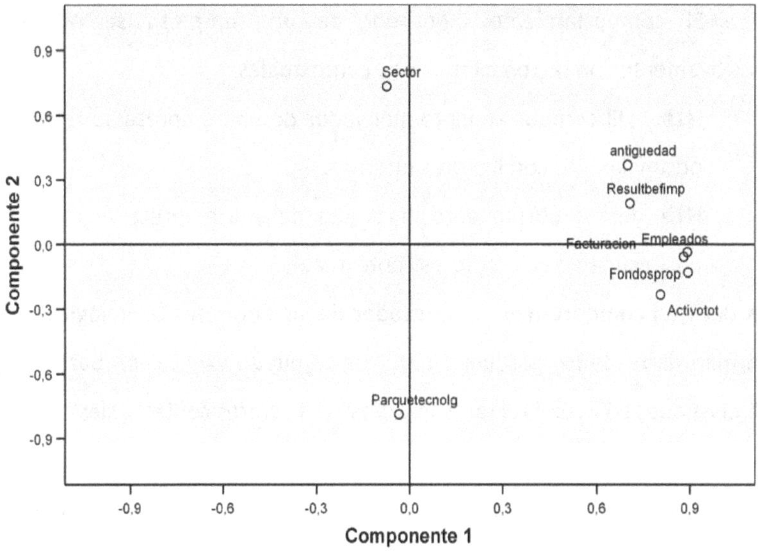

Así, el primer componente principal que explica el 49,8% de la varianza, se asocia a la variable subyacente o constructo "factor interno del comportamiento innovador" y está definido por las variables manifiestas Facturación, Número de empleados, Antigüedad, Resultados antes de impuestos, Total de activos y Fondos propios.

El segundo componente principal que explica el 18,58% de la varianza se asocia a la variable subyacente o constructo "factor contextual del comportamiento innovador" y está definido por las variables externas Sector de actividad y Parque científico.

A partir de estos resultados podemos concluir que se valida la siguiente hipótesis:

H1.- El comportamiento innovador de una empresa se relaciona positivamente con factores internos y contextuales.

> **H1a**. – El comportamiento innovador de una empresa se relaciona positivamente con factores Internos.
>
> **H1b**.- El comportamiento innovador de una empresa se relaciona positivamente con factores contextuales.

Es decir, el comportamiento innovador de las empresas tecnológicas que forman parte de los parques científicos se puede explicar en base a dos dimensiones básicas: "Factores internos" y "Factores contextuales".

En base a los resultados obtenidos representamos el siguiente modelo que integra las variables asociadas a las variables latentes Factores internos y Factores contextuales de la innovación.

Figura 5.18 **MODELO: Factores determinantes de la innovación**

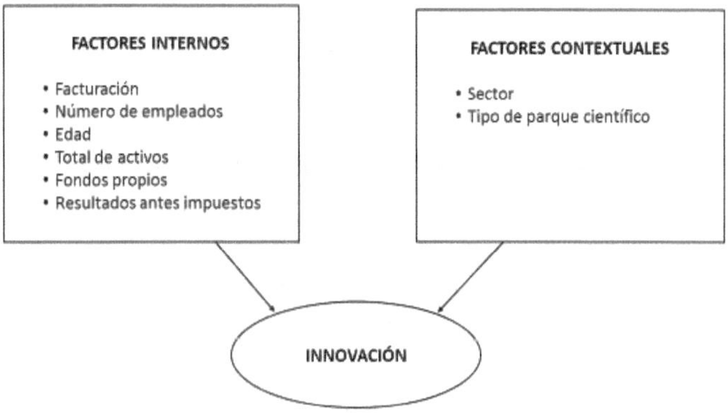

Observamos que los factores identificados cumplen los criterios de normalidad.

Tabla 5.17 **Criterios de normalidad de los factores**

	Kolmogorov-Smirnov[a]			Shapiro-Wilk		
	Estadístico	**df**	**Sig.**	**Estadístico**	**df**	**Sig.**
REGR factor score 1 for analysis 1	,278	116	,000	,518	116	,000
REGR factor score 2 for analysis 1	,125	116	,000	,972	116	,015

a. Lilliefors Significance Correction

Figura 5.19 **Histograma Factor 1**

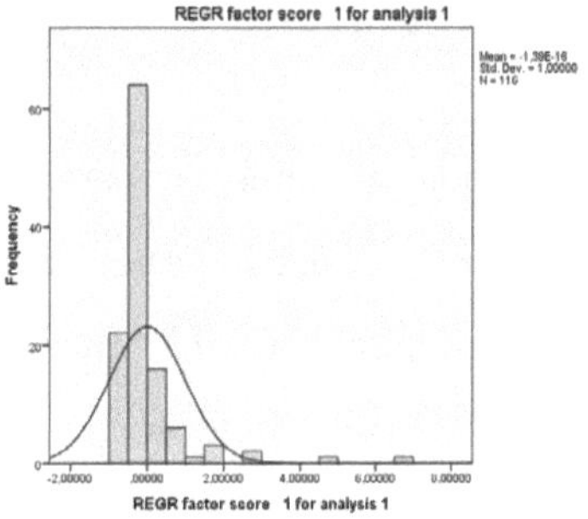

Figura 5.20 **Histograma Factor 2**

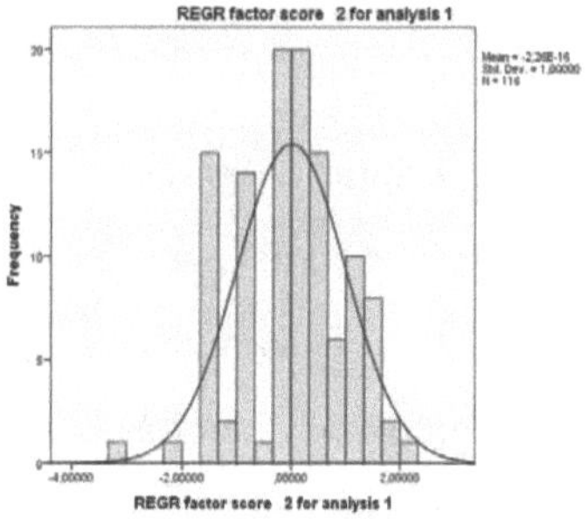

Al representar las empresas que forman parte de la muestra en función del cálculo de las puntuaciones de los componentes principales obtuvimos la siguiente gráfica.

Figura 5.21 **Representación gráfica de la muestra en función de los factores**

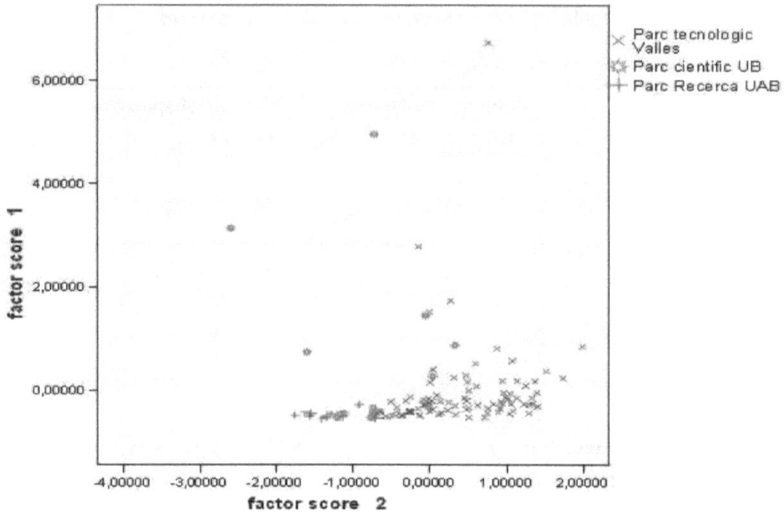

En esta representación gráfica, observamos que las empresas parecen agruparse en función del parque científico-tecnológico al que pertenecen, lo cual no lleva a formular la hipótesis H3 para confirmar que el comportamiento innovador de las empresas determina la pertenencia a un tipo de parque científico.

Nos planteamos comprobar esta hipótesis a través del método estadístico de análisis discriminante. Esta metodología no permite confirmar si es posible predecir la pertenencia a un tipo de parque científico en función de las variables asociadas a los factores identificados en el análisis factorial previo.

5.6. Análisis discriminante

La técnica estadística de análisis discriminante permite explicar algebraicamente las relaciones entre dos o más poblaciones de manera tal que las diferencias entre ellas se maximicen o se hagan más evidentes.

El análisis discriminante es la prueba estadística apropiada para seleccionar qué variables independientes o predictivas permiten diferenciar grupos y cuántas de estas variables son necesarias para alcanzar la mejor clasificación posible, así como cuantificar su poder de discriminación.

El análisis discriminante crea un modelo predictivo para la pertenencia al grupo. El modelo está compuesto por un conjunto de funciones discriminantes basadas en combinaciones lineales de las variables predictivas que proporcionan la mejor discriminación posible entre los grupos. Las funciones se generan a partir de una muestra de casos para los que se conoce el grupo de pertenencia; posteriormente, las funciones pueden ser aplicadas a nuevos casos que dispongan de mediciones para las variables predictivas pero de los que se desconozca el grupo de pertenencia.

El análisis discriminante tiene sus orígenes en las formulaciones del cálculo de distancias entre grupos, realizado por Karl Pearson (1920), quien propuso el término de "coeficiente de parecido racial" y mejorado por Mahalanobis (1930), cuyo nombre ha mantenido la medida de distancia entre grupos. A partir de estos trabajos, R.A. Fisher (1936) introduce el término discriminación y da forma a la idea de combinación lineal de variables independientes para la discriminación de grupos.

Para llevar a cabo un análisis discriminante es necesario que los grupos definidos dentro de la variable discrimínate sean reales y no solo un artilugio. El sentido de este análisis estadístico es combinar una serie de variables independientes para crear una o más variables subyacentes, llamadas funciones discriminantes, con el objetivo de encontrar una equivalencia dentro del grupo y una diferencia significativa entre grupos.

Es una técnica multivariante orientada fundamentalmente a lograr dos objetivos básicos, en primer lugar explicar la influencia de un conjunto de variables cuantitativas sobre una variable cualitativa subyacente, y en segundo lugar crear una regla de clasificación que nos permita predecir la pertenencia de los sujetos a una de las categorías de la variable criterio a partir de los valores registrados en las variables predictivas.

El análisis discriminante se puede realizar con fines predictivos o explicativos. El análisis discriminante predictivo esta relacionados con la clasificación, ya sea de nuevas observaciones u observaciones sobre las cuales no se conoce a qué grupo pertenecen. Una nueva observación, no utilizada en la construcción de la regla de clasificación, se asignará al grupo en el cual tienen más probabilidad de pertenecer en base a las características medidas, para tal asignación es necesario definir reglas de clasificación. El análisis discriminante predictivo nos aportará una regla de clasificación que nos permitirá asignar el grupo al cual tiene más probabilidad de pretender una empresa, en base al valor de las variables asociadas. En el análisis discriminante descriptivo, el objetivo es identificar las variables que diferencian los grupos predeterminados, identificando los que son importantes o no a efectos de clasificar los sujetos.

Objetivos del análisis discriminate

Los objetivos fijados en el análisis discriminante realizado fueron:

(1) Identificar si existen diferencias significativas entre las empresas que forman parte de los diferentes parques científicos, en función de los determinantes del comportamiento innovador.
(2) Seleccionar las variables de predicción que contribuyen en mayor medida a explicar la diferencia entre grupos.
(3) Obtener una ecuación denominada "función discriminante" que exprese la combinación lineal de las variables predictivas, denominadas variables canónicas, y permita construir una regla de decisión que asigne una nueva empresa a un grupo de pertenencia.
(4) Evaluar la exactitud de la clasificación realizada en base a una tabla cruzada en la que se compare la pertenencia real de una empresa a un grupo frente al pronóstico de pertenencia.

Cálculo de las funciones discriminantes

En referencia al tipo de variables que se deben utilizar en un análisis discriminante, la variable dependiente debe ser cualitativa (nominal u ordinal) y tener como mínimo dos grupos definidos que sean mutuamente excluyentes, bien desde el punto de vista de su naturaleza categórica, bien desde su naturaleza dicotómica. No es imprescindible que el volumen de casos sea similar en cada grupo.

Las variables seleccionadas deben de cumplir las condiciones de normalidad, se acepta cierta asimetría siempre que el tamaño de la muestra sea significativo. Deben cumplir el criterio de M. de Box y ninguna variable ha de ser una función lineal de otra con un valor de correlación superior a 0,9.

En el proceso de selección de las variables se combinó la identificación de variables referenciadas en modelos teóricos validados en investigaciones previas y, los resultados obtenidos en el análisis factorial previo. Ambas vías son complementarias y no excluyentes.

Se utilizaron como variables predictivas de partida, las variables observables asociadas a los constructos determinantes internos y contextuales del comportamiento innovador de las empresas, y como variable de agrupación el tipo de parque científico.

Tabla 5.18 **Resumen del procesamiento para el análisis de casos**

Casos no ponderados		**N**	**Porcentaje**
Válidos		116	88,5
Excluidos	Códigos de grupo para perdidos o fuera de rango	0	0,0
	Perdida al menos una variable discriminante	15	49,0
	Perdidos o fuera de rango ambos, el código de grupo y al menos una de las variables discriminantes.	0	0,0
	Total excluidos	15	11,5
Casos Totales		131	100,0

De los 131 casos iniciales, se excluyeron 15 por perdida de al menos una variable discriminante, pero no se identificó ningún caso atípico. El número final de casos válidos, con los que se realizó el análisis fue de 111.

Medidas de adecuación

Como el análisis discriminante es sensible a los valores extremos, el SPSS elimina aquellas observaciones que se encuentren fuera de rango, es decir aquellas que tienen una desviación superior a tres veces la desviación estándar sobre la media. En nuestra muestra no se observaron casos atípicos.

El análisis discriminante se considera una prueba robusta que no se ve gravemente afectada frente al supuesto de distribución normal, pero es recomendable aplicar el test de M. de Box para comprobar que las matrices de covarianzas son iguales entre todos los grupos. El test de M. de Box parte del supuesto de que las matrices de covarianzas son iguales y se basa en el cálculo de los determinantes de covarianza de cada grupo.

Tabla 5.19 **Test M. de Box**

Box's M		375,495
F	**Aprox.**	14,938
	df1	21
	df2	2259,119
	Sig.	,000

Tests null hypothesis of equal population covariance matrices.[a]

El test de M. Box resulta significativo al obtener un valor $p < 0,01$.

Al realizar el análisis se obtuvieron dos funciones discriminantes. La primera de ellas formada por las variables asociadas al constructo "factores contextuales del comportamiento innovador" asociada al factor contextual Sector de actividad que explica el 83,5% de la varianza. La segunda corresponde a las variables del constructo "Factores internos" a excepción de la variable Resultados antes de impuestos y explica el 16,5% de la varianza de la muestra.

Tabla 5.20 **Autovalores**

Función	**Autovalor**	**% varianza**	**% acumulado**	**Correlación canónica**
1	,298(a)	83,5	83,5	,479
2	,059(a)	16,5	100,0	,236

a Se han empleado las 2 primeras funciones discriminantes canónicas en el análisis.

La correlación canónica que recoge la pertenencia de los sujetos a los grupos se mide mediante el coeficiente autovalor que oscila entre 0 y 1. Su interpretación es positiva, es decir cuanto más alto sea su valor más eficaz será el análisis para clasificar a los sujetos.

El criterio que utilizaremos para decidir qué variables entran o no en la definición de la función discriminante es el estadístico Lambda de Wilks. Este indicador nos permitirá evaluar si las funciones discriminantes canónicas contribuyen significativamente en la separación de los grupos.

Este estadístico mide el poder discriminante de un conjunto de variables y toma valores entre 0 y 1 de forma que, cuanto más cerca de 0 mayor es el poder discriminante de las variables consideradas.

Tabla 5.21 **Test Lambda de Wilks**

Contraste de las funciones	**Lambda de Wilks**	**Chi-cuadrado**	**gl**	**Sig.**
1 a la 2	,728	33,384	14	,003
2	,944	6,002	6	,423

El valor de la Lambda de Wilks para la función 1 frente a la 2 tiene una significancia de $p < 0,05$ por lo que consideramos como función discriminante. Sin embargo, el valor $p = 0,043$ obtenido para la función 2 indica que esta función no es discriminante para los grupos predefinidos. En nuestro estudio mantendremos la función 2 para realizar la clasificación de las empresas. A pesar de haber demostrado que no es adecuada para discriminar entre los tres grupos de pertenencia definidos inicialmente, nos permitirá definir las categorías de clasificación.

En base a los datos obtenidos en el autovalor y la Lambda de Wilks podemos concluir que existe una única función discriminante que permite de forma significativa ($p < 0,01$) clasificar las empresas en los tres grupos de pertenencia predefinidos como tipos de parque científico, identificados como tipología de parque científico.

La matriz de estructuras de las dos funciones discriminantes, es:

Tabla 5.22 **Matriz de estructura**

		Función	
	1		**2**
Sector actividad	,835(*)		0,006
Total de activos	-0,254		,813(*)
Antigüedad años	0,314		,806(*)
Fondos propios	-0,253		,755(*)
Número de empleados	0,025		,602(*)
Facturación	0,092		,529(*)
Resultado antes impuestos	0,009		,288(*)

Variables ordenadas por el tamaño de la correlación con la función.

* Mayor correlación absoluta entre cada variable y cualquier función discriminante.

Al observar la matriz de estructura identificamos que existe una sola variable asociada a la función discriminante 1: Sector de actividad. Las variables vinculadas a la función discriminante 2 son Total de activos, Antigüedad, Fondos propios, Número de empleados y Facturación, que corresponden a los factores internos del comportamiento innovador identificado en el análisis factorial previo, y referenciados en la literatura como determinantes del comportamiento innovador de las empresas.

Destacamos el hecho de que la variable Resultados antes de impuestos no forma parte la función discriminante 2 ya que su peso 0,288 es inferior al valor de corte 0,5, por lo que concluimos que el *business performance* de la empresa medido a través de la variables Resultados antes de impuestos no nos permite discriminar entre perfiles innovadores de empresas.

Este resultado nos autoriza a refutar la hipótesis H2:

H2.- El *business performance* de la empresa medida como Resultados antes de impuestos está relacionada positivamente con el comportamiento innovador de las empresas.

Respecto a los resultados obtenidos para la función discriminante 1, destacamos que la única variable observable explicativa es el Sector de actividad con un peso de 0,835.

El sistema sólo ha seleccionado el factor 1 como discrimínate para los grupos predefinidos, con un poder explicativo del 83,5 % de la varianza. Teniendo en cuenta que este factor sólo está vinculado a la variable Sector de actividad, podemos concluir que el sector de actividad es un factor discriminante y por lo tanto está relacionado positivamente con la pertenencia de las empresas a los distintos tipos de parques científicos. En base a estos resultados se confirmar la hipótesis H3b.

H3b.- El Sector de actividad como factor contextual, está relacionado positivamente con la pertenencia a un tipo de parque científico.

En un paso siguiente representaremos la muestra en función de las dos funciones canónicas identificadas. Aplicando estas funciones discriminantes identificamos tres centroides de grupos asociamos a las diferentes tipologías de empresas que forman parte de los parques científicos:

Tabla 5.23 **Funciones en los centroides de grupos**

	Función	
	1	**2**
Parc Tecnològic Vallès	0,335	0,009
Parc científic UB	-0,907	0,313
Parc UAB	-0,785	-0,631

Siendo los coeficientes estandarizados de las funciones para su representación:

Tabla 5.24 **Coeficientes estandarizados de las funciones discriminantes canónicas**

	Función	
	1	**2**
Antigüedad años	,394	,750
Sector actividad	,806	-,067
Facturación	,406	-,382
Resultado antes impuestos	-,165	-,333
Total de activos	-,406	,403
Fondos propios	-,250	,191
Número de empleados	,050	,369

Obteniendo la siguiente representación gráfica:

Figura 5.22 **Representación de los centromeros**

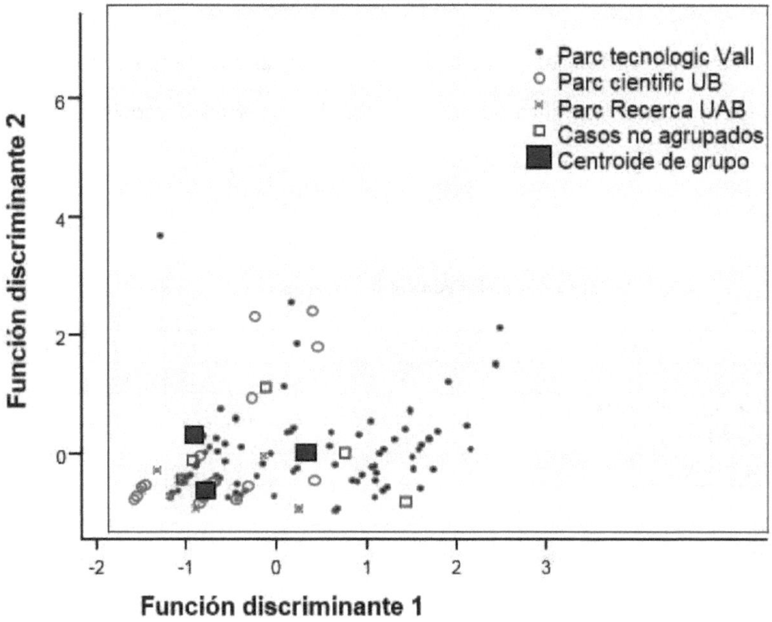

Tipificación de los clústeres

Al tipificar los clústeres identificados, en base a la tabla de coeficientes de la función de clasificación, confirmamos que la variable Resultados antes de impuestos no está relacionada con el perfil de empresa innovadora.

Tabla 5.25 **Coeficientes de la función de clasificación**

	Parque científico - tecnológico		
	Parc tecnològic Vallès	**Parc científic UB**	**Parc Recerca UAB**
Antigüedad años	,180	,152	,079
Sector actividad	,989	,520	,594
Facturación	-3,00E-006	-2,43E-005	-1,02E-005
Resultado antes impuestos	,000	,000	,000
Total de activos	-4,00E-005	-2,06E-005	-3,39E-005
Fondos propios	5,89E-005	8,44E-005	6,98E-005
Número de empleados	,006	,007	,004
(Constante)	-4,721	-2,837	-2,184

Funciones discriminantes lineales de Fisher

Destacamos que la variable Antigüedad presenta valores similares en el PTV y PCB, mientras que los valores en el PR UAB son significativamente inferiores. Respecto al Sector de actividad, sin embargo, el PCB y el PR UAB presentan valores similares que corresponden a sectores de alta tecnología.

En base a estos coeficientes se ha recalculado la pertenencia de las empresas a cada uno de los clústeres, obteniéndose los siguientes resultados de la clasificación.

Tabla 5.26 Resultados **de la clasificación**

		Parque científico	Grupo de pertenencia pronosticado			Total
			PTV	**PC UB**	**PR UAB**	
Original	Recuento	**Parc tecnològic Vallès**	47	12	21	80
		Parc científic UB	3	5	12	20
		Parc Recerca UAB	2	0	9	11
		Casos desagrupados	2	2	1	5

a Clasificados correctamente el 55,0% de los casos agrupados originales

Observamos que sólo se han clasificado correctamente el 55% de los casos agrupados originalmente. Este resultado es bajo e indica que se ha perdido mucha información en la clasificación, al coincidir los clústeres predefinidos para la realización del estudio con los identificados por el sistema en función de las dos funciones discriminantes. Estos resultados nos permite concluir que el comportamiento innovador de las empresas, definido a través de las variables subyacentes factores internos y contextuales de la innovación, no está relacionado positivamente con la pertenencia un tipo de parque científico, refutando, de esta forma, la hipótesis H3.

H3.- El comportamiento innovador de las empresas está relacionado positivamente con la tipología de parque científico al que pertenece.

En base a los estadísticos de grupo del análisis discriminante, y las teorías referenciadas en el capítulo 4, concluimos que los clústeres identificados corresponden a las dos tipologías de empresas innovadoras identificadas en la literatura como *S Mark 1 y S Mark 2*, estando la categoría *S Mark 2,* subdividida en dos categorías S *Mark 2 disruptiva* y *S Mark 2 incremental* en función del tipo de innovación llevada a cabo por la empresa.

Tabla 5.27 **Perfiles comportamiento innovador *S Mark***

	S Mark 1 NTBF	***S Mark 2 disruptiva***	***S Mark 2 incremental***	**Total**
Antigüedad años	7	12	13	**12**
Facturación	9907	14612	13193	**13012**
Resultados a. impuestos	-427	922	653	**560**
Total de activos	8275	26576	8230	**11399**
Fondos propios	1242	10967	3082	**4204**
Número de empleados	28	73	54	**54**
Sector actividad	1	1	2	**2**

Elaboración: Propia

En las estadísticas de grupo obtenidas, observamos que en las categorías S *Mark 2 incremental* y S *Mark 2 disruptiva* la edad media de las empresas es más elevada que en la categoría S *Mark 1 NTBF*. Respecto a Facturación los valores mayores los encontramos en los grupos *Mark 2 incremental* y S *Mark 2 disruptiva*, con una diferencia significativa respecto al grupo *S Mark 1 NTBF*. Otra diferencia importante corresponde al valor de las variables Total de activos y Fondos propios en el grupo *S Mark 2 disruptiva* respecto a los otros grupos.

Respecto a la variable Resultados antes de impuestos, se observan diferencias significativas entre los grupos S *Mark 2 incremental* y S *Mark 2 disruptiva* y las empresas *Mark 1 NTBF* que presentan resultados negativos.

En la interpretación de la pertenencia al Sector de actividad, teniendo en cuenta que los sectores están ordenados por grado de intensidad tecnológica siendo 1 el más innovador, podemos concluir que las empresas que pertenecen a los grupos S *Mark 1 NTBF* y S *Mark 2 disruptiva* pertenecen a sectores de mayor intensidad tecnológica.

En base a los datos estadísticos y la información teórica aportada en el trabajo de tesis, podríamos concluir que los tres clústeres identificados en el estudio discriminante corresponden a tres tipologías de empresas innovadoras, descritas en la literatura aunque no integradas en un único modelo.

Una vez tipificados los perfiles de empresas innovadoras, se clasificaron las empresas que forman parte de los parques científicos seleccionados en base a estas tres tipologías de empresa innovadora identificadas., obteniendo los siguientes resultados.

Tabla 5.28 **Clasificación en función de comportamiento innovador**

	S Mark 2 incremental	**%**	***S Mark 2 disruptiva***	**%**	***S Mark* 1 *NTBF***	**%**	**Total**
Parc Científic UB	3	15,0%	5	25,0%	12	60,0%	20
Parc Tecnològic Vallès	47	58,7%	12	15,0%	21	26,2%	80
Parc Recerca UAB	2	18,1%	0	0,0%	9	81,8%	11

Elaboración: Propia

Al estudiar la tabla de distribución de empresas en función de tipo de parque científico según comportamiento innovador, encontramos que la tipología de empresa más común es el tipo *S Mark* 1 *NTBF*, siendo mayoritarias en el los parques científicos que mantienen vínculos más estrechos con la universidad como son el PCB y PR UAB.

Cabe destacar que el PR UAB no encontramos ninguna empresa del tipo *S Mark 2 radical* y que en el PTV encontramos los tres tipos de empresas pero con una clara mayoría del tipo *S Mark 2 incremental.*

Si compramos nuestros resultados con los obtenidos en el estudio realizado por (Quintas et al., 1992) en los parques científicos de UK, descubrimos diferencias en los datos reportados, principalmente en la proporción referenciada de NTBFs. Quintas afirma que solo el 30% de las empresas localizadas en los parques científicos de UK son NTBFs, este dato coincide con el valor obtenido para el Parc Tecnonològic del Vallès, tipificado como parque tecnológico, pero no para los valores obtenidos en los parques científicos PC UB y PR UAB, siendo la proporción más elevada de 60,0% y 81,8% respectivamente. Esta divergencia en los resultados nos llevan a plantearnos la validez de la muestra seleccionada por el autor, considerando la posibilidad de que solo se hubieran considerado en la muestra empresas que forman parte de parques tecnológicos. Otra posible explicación a la diferencia observada, por otro lado poco probable, serían que existieran disparidades significativas en la población de empresas que forman parte de los parques científicos de Cataluña y UK.

El perfil de las empresas que forman parte de los tipos de parque científico identificados, coinciden con la descripción de las distintas tipologías de parques científicos-tecnológicos desarrollados en el tema 3. Las empresas instaladas en el PTV muestran unas características diferenciales frente a las empresas que forman parte del resto de parques científicos. En el Parque tecnológico PTV, encontramos un mix con un claro predominio del tipo *S Mark 2 incremental,* es decir empresas consolidadas de sectores industriales de tecnología media. Tal como se indica en el apartado 3.1 los parques tecnológicos corresponden a un entorno menos innovador donde mayoritariamente encontramos empresas que forman parte de grupos empresariales o sucursales de empresas extranjeras que han instalado sus oficinas en estas instalaciones. Los parques tecnológicos tienen una relación más débil con la Universidad y ofrece principalmente espacios para oficinas y no tanto laboratorios u otras instalaciones de I+D.

La distribución de empresas encontrada en el PCB corresponde a la identificada en la literatura como perfil de parque científico. Los parques científicos contiene principalmente nuevas empresas tecnológicas pero también empresas consolidadas en sectores de alta tecnología que abren o desplazan sus departamentos de I+D a estas instalaciones. Cuentan con importantes infraestructura de I+D y mantienen una estrecha relación con la Universidad.

La mayoría de las empresas que forman parte del Parc de Recerca UAB corresponden a la tipología *S Mark 1 NTBF* (81,8%). Este mix de empresas con un predominio claro de nuevas empresas tecnológicas (NTBF) corresponde al perfil de parque de investigación con incubadora de empresas descrito en el apartado 3.1. En este tipo de parque científico la presencia de empresas consolidadas en sectores de tecnología media es despreciable y es difícil encontrar departamentos de I+D o sucursales de empresas consolidadas en sectores de alta tecnología. Los vínculos con la universidad son estrechos y en la mayoría de los casos sus instalaciones se encuentran dentro del recinto de la universidad. La mayoría de las NTBF que forman parte de la incubadora tienen vínculos con la universidad que les alberga, siendo muchas de ellas *spin offs.*

Análisis discriminante por pasos

La aplicación del análisis discriminante obtiene como resultado una ecuación denominada función discriminante que expresa la combinación lineal de las variables predictivas, denominadas variables canónicas. En el análisis discriminante realizado se identificaron inicialmente dos funciones discriminantes, sin embargo, sólo cumple los criterios de la lambda de Wilks y el nivel de significancia, la función 1.

Para demostrar la veracidad de este cálculo realizamos un análisis discriminante por pasos para estudiar la influencia de cada una de las variables en la función discriminante obtenida. El proceso inicia el análisis con todas las variables para, posteriormente, eliminar las no significativas en la función. De esta forma, es muy probable que, finalmente, no todas las variables originales se utilicen para construir las funciones discriminantes, únicamente se incluirán aquellas que más contribuyan a separar los grupos, con respecto a un cierto criterio, en nuestro caso el tipo de parque científico, y se desestimarán aquellas cuya contribución sea escasa, bien porque no son relevantes o porque la información que aportan ya esté recogida por otras variables incluidas en el modelo y que resultan redundantes.

En el análisis discriminante por pasos, en cada paso se introduce la variable que minimiza la lambda de Wilks global. Su significación se realiza mediante la transformación al valor de Chi-cuadrado. Para cada variable, el sistema registra el cambio en el valor de la lambda de Wilks, la significancia de estos cambios se registra usando el F-test. Solo aquellas variables con un F-valor superior al valor crítico son procesadas por el SPSS. El sistema lleva a cabo un proceso de insertar, borrar y reinsertar las variables independientes. Primero las elimina y autoriza la entrada de una nueva solo en el caso de que el F-valor sea adecuado, sino la variable se elimina definitivamente.

Tabla 5.29 **Test de Wilks' Lambda y valor de F**

	Wilks' Lambda	**F**	**df1**	**df2**	**Sig.**
Sector actividad	,860	9,206	2	113	,000
Facturación	,998	,103	2	113	,903
Resultado antes impuestos	,986	,775	2	113	,463
Total de activos	,957	2,509	2	113	,086
Fondos propios	,952	2,859	2	113	,062
Número de empleados	,989	,618	2	113	,541

Cuando el valor de F para una determinada variable es grande, y el valor de significancia $p < 0.005$ se rechaza la hipótesis nula de igualdad de medias entre los grupos, por tanto hay diferencias significativas. Las variables que tengan valores de significancia cercanos a cero tendrán un potencial de discriminación mayor que los otros. En nuestro estudio la única variable que cumple este criterio es Sector de actividad con un valor de F de 9,206 y significancia < 0,001.

Una variable se introduce en el modelo si su valor de F es mayor que el valor de entrada, que en nuestro cálculo se fijó en 3,84 y se elimina si su valor de F es inferior a 2,71. La entrada debe ser mayor que la eliminación y ambos valores deben ser positivos.

Observamos que la variable Fondos propios tiene un valor de F de 2,859, intermedio entre el valor de entrada y de eliminación, sin embargo no alcanza el valor mínimo de $p < 0,005$ por lo que no se ha incluido como variable discriminante en el proceso.

Tabla 5.30 **Variables discriminantes incorporadas**

Step	**Entered**	**Wilks' Lambda**					
		Statistic	**df1**	**df2**	**df3**	**Exact F**	
						Statistic	**df1**
1	**Sector actividad**	,860	1	2	113,000	9,206	2

Los criterios aplicados en el análisis fueron:

a) Nº de pasos máximo 12
b) Valor mínimo de F entrada 3,84
c) Valor máximo de F eliminación 2,71

Tabla 5.31 **Confirmación de la incorporación de variables - Test Wilks' Lambda**

Test of Function(s)	Wilks' Lambda	Chi-square	df	Sig.
1	,860	17,057	2	,000

Tal como muestran los resultados anteriores, en nuestro análisis discriminante, la única variable que cumple los criterios de Lambda de Wilks y nivel de significancia, es Sector de actividad.

Como comprobación de que el Sector de actividad afecta a la variable categórica Parque científico calculamos el valor del estadístico Eta y Eta cuadrado. Eta y Eta cuadrada parcial son dos medidas del tamaño del efecto en ANOVA, tomando como valores de referencia que una eta cuadrada de 0,01 indica un efecto bajo, de 0,06 efecto medio y valores superiores a 0,14 un efecto importante.

Tabla 5.32 **ANOVA**

			Sum of Squares	df	Mean Square	F	Sig.
Parque científico * Sector actividad	Between Groups	(Combined)	12,131	3	4,044	8,274	,000
		Linearity	9,673	1	9,673	19,793	,000
		Deviation from Linearity	2,458	2	1,229	2,514	,085
	Within Groups		62,067	127	,489		
	Total		74,198	130			

Tabla 5.33 **Medidas de asociación – Eta cuadrada**

	R	R Squared	Eta	Eta Squared
Parque científico * Sector actividad	,361	,130	,404	,163

Observamos que el valor de Eta cuadrada es de 0,163 con un nivel de significancia de 0,000 por lo que podemos concluir que el Sector de actividad tiene un efecto importante sobre la variable parque científico.

Estos resultados confirman la validez de la hipótesis H3b.

H3b.- El Sector de actividad como factor contextual, está relacionado positivamente con la pertenencia a un tipo de parque científico.

6. DISCUSIÓN Y RESULTADOS

6.1. Demostración de las hipótesis

En el apartado 5.1 de esta tesis se definieron varias hipótesis dirigidas a demostrar el modelo de comportamiento innovador y su aplicación en el entorno de los parques científicos. En las secciones 5.4 y 5.5 se han detallado los estudios estadísticos llevados a cabo que nos han permitido demostrar las hipótesis planteadas.

En el apartado 5.4 se ha realizado un análisis factorial multivariante con el objetivo de identificar los constructos que explican la configuración de las correlaciones dentro del conjunto de variables observables. Estos indicadores asociados al comportamiento innovador de las empresas se seleccionaron en base a los conceptos teóricos identificados en la sección 4.3. En base a estos resultados se generó la hipótesis H1 relacionada con los mecanismos causales del comportamiento innovador de las empresas.

Todos los determinantes seleccionados tuvieron una asociación positiva y significativa con componentes principales identificados en el análisis factorial. Tal como indican los valores de comunalidades superiores a 0,5.que observamos en la tabla 5.13.

Las ocho variables seleccionadas se agruparon en dos variables subyacentes que identificamos como determinantes internos y contextuales del comportamiento innovador de las empresas. La variable subyacente Factores internos explica el 49,8 % de la varianza de la muestra y la variable subyacente Factores contextuales el 18,58 %, a través de estos dos constructos se explica el 68,39% de la varianza de la muestra.

Tal como se observa en la tabla 5.16 los indicadores Número de empleados, Fondos propios, Facturación, Total de activos, Resultado antes de impuestos y Antigüedad, se relacionan positivamente y de forma significativa con la variable subyacente Factores internos de innovación. Las variables categóricas Parque científico y Sector de actividad se relacionan positivamente y de forma significativa con la variable subyacente Factores contextuales de la innovación.

En base a los datos estadísticos obtenidos se confirma la hipótesis H1, así como las sub hipótesis H1a y H1b.

H1.- El comportamiento innovador de una empresa se relaciona positivamente con factores internos y contextuales

> **H1a**. – El comportamiento innovador de una empresa se relaciona positivamente con factores Internos
>
> **H1b**.- El comportamiento innovador de una empresa se relaciona positivamente con factores contextuales.

En la hipótesis H2, planteamos una relación positiva entre la variable Resultados antes de impuestos y el comportamiento innovador de las empresas. Esta relación nos permite argumentar que el nivel de Resultados antes de impuestos obtenido por la empresa depende de su comportamiento innovador.

El análisis discriminante nos permite explicar la influencia de un conjunto de variables cuantitativas sobre las variables cualitativas subyacentes identificadas como funciones discriminantes canónicas. Tal como podemos observar en la tabla 5.22 de la matriz de estructuras, la variable Resultados antes de impuestos no forma parte la función discriminante 2 ya que tiene un peso de 0,288 inferior al valor de corte 0,5. Estos resultados nos permiten concluir que el *business performance* de la empresa medido a través de la variable Resultados antes de impuestos no nos permite discriminar entre perfiles innovadores de empresas.

Esta afirmación se ve respaldada por los coeficientes de la función de clasificación incluida en la tabla 5.25 donde se observa que el valor del coeficiente es 0,00 para esta variable en los tres clúster identificados. Estos resultados coinciden con la afirmación realizada por (Hollenstein, 2003), de que coexisten diferentes modos de innovación que son equivalentes en términos de *performance* económico.

En base a estos datos estadísticos llegamos a la conclusión de que la hipótesis H2 queda refutada.

H2.- El *business performance* de la empresa medida como Resultados antes de impuestos está relacionada positivamente con el comportamiento innovador de las empresas.

En la representación de las empresas en función de las dos componentes principales identificadas en la Figura 5.21, observamos que aparecen agrupadas en función del parque científico al que pertenecen, lo cual no lleva a formular la hipótesis H3 afirmando que las empresas forman parte de un tipo de parque científico en función de su comportamiento innovador. Nos planteamos comprobarlo a través de un análisis discriminante que nos permita confirmar si es posible predecir la pertenencia a un tipo de parque científico en función de las variables asociadas a los factores determinantes del comportamiento innovador de las empresas.

Al realizar el análisis discriminante se obtuvieron dos funciones discriminantes. La primera de ellas está asociada al factor contextual Sector de actividad que explica el 16,5% de la varianza de la muestra, y la segunda formada por las variables asociadas a la variable subyacente "factores internos de comportamiento innovador" excepto Resultados antes de impuestos que explica el 83,5% de la varianza (tabla 5.20).

El sistema seleccionó el factor 1 como función discrimínate para los grupos de Parques científicos predefinidos (Tabla 5.31). Teniendo en cuenta que el factor 1 está vinculado a la variable Sector de actividad, podemos concluir que el Sector de actividad es un factor discriminante y por lo tanto está relacionado positivamente con la pertenencia de las empresas a los distintos tipos de parques científicos.

Como comprobación de que el Sector de actividad está relacionado positivamente con la variable categórica Parque científico calculamos el valor del estadístico Eta y Eta cuadrado. Eta y Eta cuadrada parcial son dos medidas del tamaño del efecto en ANOVA. Observamos que el valor de Eta cuadrada es de 0,163 con un nivel de significancia de 0,000 (Tabla 5.33) por lo que podemos concluir que el Sector de actividad tiene un efecto importante sobre la variable Parque científico.

Estos resultados confirman la hipótesis H3b .

H3b.- El Sector de actividad como factor contextual está positivamente relacionado con el tipo de parque científico al que pertenece la empresa.

Contrario a la hipótesis inicial H3, no todos los determinantes de la innovación identificados sirvieron para discriminar las empresas entre los distintos tipos de parques científicos. La función discriminante canónica 2 que agrupa los factores internos de innovación (tabla 5.22) no alcanzó los niveles de significancia requeridos para ser aceptada por el sistema (tabla 5.21).

La eliminación de algunas de las variables internas a través de la aplicación de un proceso discrimínate por pasos no mejoró el resultado del análisis. La única variable que discriminó la pertenencia de una empresa a un Parque científico fue el Sector de actividad, bajo la función discriminante canónica 1 (tabla 5.30). A través de estos resultados se refuta la sub hipótesis H3a.

H3a.- Los factores de internos de innovación están positivamente relacionado con la pertenencia a un tipo de Parque científico.

Destacamos que a pesar de encontrar una distribución no homogénea de empresas entre los parques científicos, tal como observamos en la figura

5.21 que sugería que las empresas se agrupan en distintos tipos de parques científicos en función de su comportamiento innovador, el estudio discriminante no ha sido concluyente. Los resultados de la selección de las funciones discriminantes y el hecho de que la clasificación realizada en base a estas funciones sólo clasifique correctamente el 55% de los casos agrupados originales (Tabla 5.26), nos permite afirmar que la hipótesis H3 no se confirma.

H3.- El comportamiento innovador de las empresas está positivamente relacionado con la tipología de Parque científico al que pertenece.

6.2. Elementos exploratorios del estudio

En el apartado 5.1 formulamos dos preguntas de investigación para desarrollar en profundidad la relación entre la clasificación de empresas según su comportamiento innovador realizada por Schumpeter en el apartado 4.2, y los determinantes de la innovación y el modelo desarrollo en este trabajo. La primera pregunta se dirige a diferenciar, en base al modelo desarrollado en este trabajo de investigación, las dos tipologías de empresas innovadoras identificadas por Schumpeter como *Mark I* y *Mark II* en la muestra de empresas presentes en los parques científicos-tecnológicos.

El modelo *Mark I* o emprendedor corresponde principalmente a la actividad emprendedora y creatividad de las nuevas empresas tecnológicas y el modelo *Mark II* o rutinario, a la actividad innovadora que se origina en las actividades formales de investigación que llevan a cabo las grandes empresas establecidas.

Las dos variables discriminantes canónicas identificadas en el estudio dan como resultado tres centroides uno de ellos claramente diferenciado que identificamos como *S Mark 1* tal como podemos observar en la tabla 5.23 y 5.25. Observamos que este clúster es el que agrupa a las empresas más jóvenes, en sectores de alta tecnología, con un nivel de Facturación y un Número de empleados inferior a la media y que corresponde a la definición, según la UE de pequeña empresa. El Total de activos y Fondos propios de este grupo es muy inferior a los valores medios correspondientes a los grupos *S Mark 2*. Las características de este grupo de empresas corresponden a la descripción realizada por Schumpeter de las empresas innovadoras *Mark 1* que desarollado en el apartado 2.1.

A pesar de que la variable Resultados antes de impuestos no actúa como función discrimínate tal como podemos observar en la tabla 5.22 y la tabla 2.25, hemos calculado el valor medio de los Resultados antes de impuestos siendo el grupo *S Mark 1* el único que ha obtenido resultados negativos.

Los dos centroides restantes comparten como característica común el tamaño y la edad de la empresa, en ambos casos tienen un valor medio de la variable Antigüedad y Facturación. Estas características corresponden a la descripción realizada por Schumpeter de las empresas innovadoras *S Mark 2*.

Hemos visto en el apartado 4.3 que edad y tamaño de la empresa están asociados de forma significativa con las capacidades innovadoras de las empresas, sobrentendiendo que el tamaño de la empresa está vinculado al desarrollo de determinadas capacidades innovadoras. Sin embargo, en el apartado 4.2 hemos visto que todas las grandes empresas son igual de innovadoras.

La segunda pregunta exploratoria se dirige a identificar un nuevo criterio de clasificación que nos permitiera subdividir la categoría *S Mark 2* en dos perfiles de empresa innovadora. Estas nuevas categorías de empresas cumplen las características de pertenencia al tipo *S Mark 2* pero a la vez presentan características diferenciales respecto a los determinantes de innovación definidos en el estudio. Tal como desarrollamos en al apartado 4.2., el concepto de paradigma tecnológico nos ayuda a entender la dinámica innovadora de las empresas consolidadas, sin embargo, las empresas sobresalientes también actúan fuera de los paradigmas tecnológicos establecidos, identificando oportunidades y promoviendo el uso de nuevas tecnologías y recursos para crear "nuevas combinaciones". Este concepto nos permite diferenciar entre aquellas empresas ya establecidas que llevan a cabo innovaciones incrementales y las que son capaces de realizar innovaciones disruptivas o radicales.

Utilizamos como referencia la hora de tipificar estos dos subgrupos de empresas el trabajo a realizado por (Hagedoorn, 1996) en el que clasifica las empresas consolidadas en dos categorías en función de su comportamiento innovador. En la primera categoría incluye aquellas empresas que realizan innovaciones incrementales trabajando dentro del paradigma tecnológico definido, mientras que la segunda categoría incluye aquellas empresas de excelencia que salen fuera de este paradigma para llevar a cabo innovaciones disruptivas, identificando nuevas oportunidades y orquestando desarrollos que combinan nuevas tecnologías y activos.

Creamos, entonces, dos categoría que llamaremos *S Mark 2 incremental* y *S Mark 2 disruptiva* que corresponde respectivamente a la primera y segunda categoría de (Hagedoorn & Cloodt, 2003).

Las empresas que forman parte del grupo *S Mark 2 disruptiva* presentan una diferencia significativa en el valor medio del Total de activos y Fondos propios, lo que indica que son empresas que invierten más en infraestructura y que poseen una mayor capacidad de financiación, acorde a la clasificación taxonomía realizada por (Pavitt, 1984) donde referencia la importancia de la inversión tecnológica en la innovación. También observamos una diferencia en el Número total de empleados, variable relacionada con la organización empresarial y los sistemas de control.

Otro aspecto importante que distingue los dos grupos de empresas es el sector en el que desarrollan su actividad principal, mientras que las empresas *S Mark 2 disruptiva* operan en sectores de alta tecnológica, las empresas *S Mark 2 incremental* lo hacen en sectores de tecnología media.

Por los resultados obtenidos podríamos tipificar la categoría *S Mark 2 disruptiva* como una empresa consolidada en el mercado, en base a los valores de Facturación y Antigüedad, y que trabaja en sectores de alta tecnología. Realiza inversiones importantes en infraestructura tecnológica y tiene capacidad de financiación gracias a una dotación de Fondos propios y elevados benéficos obtenidos en el ejercicio. Su organización empresarial y sistemas de control están más desarrollados que las empresas *S Mark* 2 incremental.

La categoría *S Mark 2 incremental* corresponde al perfil de una empresa consolidada en el mercado en sectores de tecnología media. Con valores de Facturación y Antigüedad similares a la categoría *S Mark 2 disruptiva* pero con menor inversión en infraestructura y capacidad de financiación. Así mismo su organización empresarial y los sistemas de control están menos desarrollados que en las empresas del tipo *S Mark 2 incremental.*

Se nos planteó una duda durante el desarrollo del trabajo de investigación sobre si habría sido posible también identificar dos perfiles de empresas innovadoras dentro del tipo *S Mark 1,* sin embargo, los estudios estadísticos no nos confirmaron esta posibilidad. Estos hallazgos concuerdan con los estudios realizados por (E Autio et al., 1998), donde indica que en el caso de las nuevas empresas tecnológicas, no se puede diferenciar entre sectores de alta y baja tecnología ya que las NTBFs actúan como una forma de transferencia de tecnología, no solo entre las instituciones de investigación del sector público y la industria sino también entre diferentes clústeres de industrias. No es raro que una NTBF opere en diversos sectores, y muchas de ellas están sirviendo a sectores de baja tecnología favoreciendo la adaptación de tecnología avanzada, desarrollada en sectores de alta tecnología, en sectores más tradicionales.

7. CONCLUSIONES

7.1. Originalidad del estudio

La contribución más significativa de nuestro estudio ha sido haber podido reducir la complejidad de los fenómenos empíricos asociados a la innovación a un número limitado de variables explicativas de fácil interpretación. Nuestro modelo permite integrar la vasta información sobre los determinantes del comportamiento innovador de las empresas referenciadas en la literatura en un modelo sencillo y de clara interpretación, formado por dos constructos relacionados con el comportamiento innovador de la empresa (1) factores internos y (2) factores contextuales. Cabe destacar que la significancia de los indicadores seleccionados en el estudio se ha corroborado empíricamente en diversos estudios referenciados en la bibliografía.

La mayoría de los estudios académicos realizados hasta la fecha tratan el *performance* innovador como una variable observable cuando en realidad se trata de una variable dependiente compleja y multidimensional. Debido a la complejidad de esta variable la definición de un constructo compuesto por varias medidas observables podría capturar la variable latente en un sentido más amplio. En nuestro estudio no hemos incluido ninguna variable *output,* para valorar directamente el *performace* innovador sino que hemos valorado este concepto indirectamente a través de las variables identificadas como determinantes de la innovación en la literatura.

Los estudios taxonómicos sobre empresas innovadoras identificados en la bibliografía utilizan, generalmente, medidas directas del *performance* innovador de la empresa. Algunos autores referencian la debilidad de estos indicadores y sugieren la utilización de variables múltiples, como en el estudio realizado por (Hagedoorn & Cloodt, 2003) donde utiliza varias medidas simples de innovación para calcular un constructo que identificó como *performance* de innovación. Sin embargo, destacamos que el hecho de combinar varias variables no elimina por compensación las deficiencias identificadas en los indicadores simples referenciadas en la tabla 4.1.

El diseño de nuestro estudio empírico resulta original en la medida en que se diferencia del enfoque de otras investigaciones y estudios desarrollados en este ámbito. Esta necesidad se ha identificado en el apartado 4.3, referenciando el trabo realizado por (N Becheikh et al., 2006) donde afirma que los artículos académicos publicados en base a la valoración de la innovación a través de indicadores simples, cada vez resultan menos productivos ya que aportan poco conocimiento sobre la naturaleza de la innovación y sus determinantes.

Otra categoría de estudios publicados en esta área de conocimiento son estudios inductivos, realizados a través de análisis cualitativos, donde se definen modelos teóricos en base a estudios del caso múltiples. Una de las debilidades de esta metodología es la selección de los casos sobre los que se basa el análisis, ya que solo se seleccionan los exitosos, esto puede llevar a una falta de especificación del modelo, o peor aún a un modelo teórico incorrecto. Nuestra metodología al basarse en datos cuantitativos y haber integrado la totalidad de empresas que forman parte de los parques científicos seleccionados no presenta esta debilidad.

7.2. Contribución

Implicaciones teóricas

El modelo desarrollado provee un esquema empírico que permite realizar una primera aproximación a la realidad de los parques científicos y al universo de empresas que forman parte de ellos. Frente a la necesidad, ampliamente referenciada en la literatura, de desarrollar un modelo que relacione las diferentes tipologías de parques científicos con sus diferentes contextos, aportamos un marco teórico como herramienta para el estudio del comportamiento innovador de empresas en el entorno de los de los parques científicos.

Dentro de los cuatro niveles de análisis descritos en los estudios referenciados en la apartado 3.4 realizados sobre parques científicos, seleccionamos el segundo (empresa) y tercer nivel (parque científico) al introducir en el estudio las características intrínsecas del parque científico en función del grado de vinculación con la universidad. Cabe destacar, tal y como indica (Phan et al., 2005), que actualmente no existe un modelo teórico que permita conectar los diferentes niveles de análisis, siendo nuestro modelo un primer intento de relacionar dos niveles de análisis: empresa y características intrínsecas del parque científico.

Otro aspecto ampliamente referenciado en la bibliografía es la variabilidad en el comportamiento innovador de las empresas y la dificultad de poder realizar clasificaciones taxonómicas que nos permitan identificar estas regularidades y crear modelos empíricos explicativos. En la realización de estos estudios taxonómicos muchos autores se han enfocado exclusivamente en datos a nivel microeconómio sin considerar ningún nivel agregado de, tal como indica (Peneder, 2010). Nuestro estudio aporta un modelo de integración de los determinantes de la innovación en dos variables subyacentes que permite aportar un nivel agregado de análisis.

En la literatura encontramos numerosas clasificaciones taxonómicas basadas en el comportamiento innovador de las empresas con resultados poco consistentes. En cada estudio taxonómico el autor selecciona nuevas variables asociadas a medidas simples de innovación y/o bien varia la muestra de empresas sobre las que realizaba el análisis: *Spin offs* (Mustar et al., 2006) (Parhankangas & Arenius, 2003), NTBFs (De Jong & Marsili, 2006), sector de actividad (Pavitt, 1984)(Hollenstein, 2003)(Peneder, 2010) (Castellacci, 2008), provocando una falta de consistencia en los resultados. Sin embargo existe un punto común en estos estudios, todos comparten la importancia del tamaño, edad y sector como determinantes del comportamiento innovador de las empresas y la poca representatividad de los indicadores tradicionales de innovación tales como inversión en I+D y patentes en la valoración de la *performance* innovadora de una empresa. Destacamos asimismo que no existe un consenso en el número de categorías identificadas que varían de dos en el caso de (Joseph A Schumpeter, 1942) a seis en el trabajo realizado por (Cesaratto & Mangano S., 1993).

Un último aporte realizado en este trabajo de investigación pero no por ello menos importante, es el hecho de haber desarrollado un nuevo modelo de clasificación de las empresas innovadoras acorde a las principales teorías sobre el comportamiento innovador de las empresas.

Implicaciones prácticas

Una aplicación práctica del modelo desarrollado es su utilización como herramienta de valoración del desempeño de los parques científicos-tecnológicos en base a los objetivos fijados de participación de empresas e identificación de *best practices*.

Cabe destacar el interés tanto de los gobiernos como de las grandes empresas en identificar las *best practices* de los parques científicos. Desafortunadamente, tal como comenta (Phan et al., 2005), la simple caracterización de los modelos de negocio de los parques y las prácticas de gestión desde un proceso descriptivo no ha llevado a solucionar esta necesidad. Hay pocos estudios de *benchmarking* que nos permitan valorar el éxito de un parque científico por la falta de constructos bien definidos y de métricas claras. Nuestro estudio propone aportar un marco teórico para estudiar la situación y evolución de los parques científicos a través de la caracterización del comportamiento innovador de las empresas que contiene, aportando constructos claros y contrastados con la literatura y métricas sencillas para valorar los determinantes del comportamiento innovador de las empresas.

Otra aplicación práctica estaría relacionada con el proceso de selección, ampliando el modelo actual utilizado, principalmente basado en de la intensidad tecnológica del sector al que pertenece la empresa. El modelo aportador en este trabajo de tesis permite realizar evaluaciones multicriterio previas a la incorporación de la empresa al parque científico para identificar el perfil innovador de dicha empresa.

7.3. Limitaciones del estudio

Como cualquier otro trabajo de investigación, el presente estudio tiene una serie de delimitaciones que deben ser identificadas para la correcta interpretación de los resultados.

En primer lugar el hecho de que se trate de un estudio estadístico cuantitativo. La selección de variables cuantitativas nos ha permitido ganar en precisión y significancia, sin embargo, ha limitado los aspectos a valorar del proceso innovador de las empresas. La posibilidad de realizar un estudio cualitativo complementario, a través de encuestas o entrevistas en profundidad a las empresas que forman parte de los parques científicos, nos habría permitido confirmar la validez de la clasificación taxonómica propuesta.

Otra limitación en la metodología estadística seleccionada, es la selección del estudio discriminante para la identificación de los perfiles innovadores de las empresas. El modelo discriminante no permite predecir mediante procedimientos sistemáticos la clasificación de nuevas observaciones desconocidas en alguno de los grupos considerados, pero si nos permite identificar que existen diferencias entre una serie de grupos en los que se divide una población.

Un área a desarrollar está relacionada con la valoración del contexto institucional de los parques científicos. En el trabajo de investigación se ha limitado a identificar el tipo de vínculo formal que mantiene el parque científico con la universidad, sin especificar la forma jurídica, tipo de socios, forma de gestión ni procesos de selección de empresas. El criterio de vinculación considerado no mide aspectos como el nivel de implicación ni la eficiencia de la universidad en los procesos de transferencia de tecnología y creación de *spin offs*. Un aspecto, referenciado por (Link & Scott, 2006) que no se ha considera en la realización de este estudio, por nuestro objetivo principal de obtener un modelo simplificado, es la existencia de una incubadora en las instalaciones del parque científico y cómo influye en los resultados.

Respecto a la muestra seleccionada conviene mencionar que no se han incluido las sucursales de empresas extranjeras constituidas en los parques científicos por no contar con los datos económicos-financieros al no estar registradas en la base de datos SABI.

Como punto final cabe mencionar que esta tesis está limitada a un contexto regional y cabe la posibilidad de que los resultados estén limitados a la realidad y al entorno de Cataluña. Se identificaron en el estudio, sin embargo, importantes conceptos de aplicación general en el estudio del proceso innovador y del comportamiento de las empresas innovadoras.

7.4. Futuras líneas de investigación

Los diferentes estudios referenciados en apartado 3.4 nos plantean la duda de si el modelo de parque científico realmente está dirigido de forma efectiva a mejorar el sistema de innovación. El modelo desarrollado es esta tesis sirve como herramienta de estudio para realizar estudios de *benchmarking* y valoraciones de los parques científicos, en función de la tipología empresas que alberga y de la evolución de las mismas. Para ello, deberíamos registrar la evolución temporal de la composición del parque y del perfil innovador de las empresas que forman parte del mismo. Sería de gran valor poder referenciarlo a cambios en el entorno institucional de los parques científicos.

Dentro de este ámbito, otra línea de estudio futura estaría relacionada con la realización de estudios comparativos entre parques científicos en función de la influencia de criterios externos, tales como: (1) Zona geográfica (2) Forma jurídica, tipo de socios y forma de gestión. (3) Ubicación en instalaciones propias (Clúster / Parques científicos).

En un área nueva de estudio, se abriría la posibilidad de realizar estudios sobre las relaciones y sinergias entre los distintos tipos de perfiles innovadores de empresas, en el entorno de los parques científicos y de estas con la universidad, los organismos de gestión del parque científico y otros organismos públicos. El hecho de poder tipificar las empresas en función de su comportamiento innovador nos permitiría definir grupos y estudiar como interaccionan entre ellos.

BIBLIOGRAFIA

Acs Z.J., Audretsch, D., & Feldman, M. P. (1994). Research-and-development spillovers and recipient firm size. *REVIEW OF ECONOMICS AND STATISTICS*, *76*(2), 336.

Ahuja, G., & Lampert, C. M. (2001). Entrepreneurship in the large corporation: A longitudinal study of how established firms create breakthrough inventions. *STRATEGIC MANAGEMENT JOURNAL*, *22*(6-7), 521–543.

Ansari, S., & Krop, P. (2012). Incumbent performance in the face of a radical innovation: Towards a framework for incumbent challenger dynamics. *RESEARCH POLICY*, *41*(8), 1357–1374.

Anselin, L., & Varga Z., A. and A. (1997). Local geographic spillovers between university reserach and high technology innovations. *JOURNAL OF URBAN ECONOMICS*, *42*, 422.

APTE. (2011). Informacion parques tecnologicos APTE.

Apte. (2011). *Memoria de actividades 2011. ASOCIACIÓN DE PARQUES CIENTÍFICOS Y TECNOLOGICOS DE ESPAÑA.*

Archibugi, D., & Pianta, M. (1996). Measuring technological change through patents and innovation surveys. *TECHNOVATION*, *16*(9), 451–468.

Audretsch, D. B., & ACS Z.J. (1988). Innovation in Large and Small Firms: an Empirical Analysis. *THE AMERICAN ECONOMIC REVIEW*, *78*(4), 678–690.

Autio, E. (1994). New , technology-based firms as agents of R & D and innovation : an empirical study. *TECHNOVATION*, *14*(4), 259–273.

Autio, E., Yli-Renko, H., E., A., & Etzkowitz, H. (1998). New, technology-based firms in small open economies—An analysis based on the Finnish experience. *RESEARCH POLICY*, *26*(9), 973.

Bakouros, Y. L., Mardas, D. C., & Varsakelis, N. C. (2002). Science park, a high tech fantasy?: an analysis of the science parks of Greece. *TECHNOVATION*, *22*(2), 123–128.

Barge-Gil, A., Vásquez, Á., & Modrego, A. (2011). El Impacto de los Parques Científicos y Tecnológicos Españoles sobre la Innovación Empresarial según distintos tipos de empresa. *ICE*, 73–88.

Barney, J. (1991). Firm resources and sustained competitiva advantage. *JOURNAL OF MANAGEMENT*, *17*(1), 99–120.

Becheikh, N., Landry, R., & Amara, N. (2006). Lessons from innovation empirical studies in the manufacturing sector: A systematic review of the literature from 1993-2003. *TECHNOVATION*, *26*(5-6), 644–664.

Becheikh, N., Landry, R., & Amara, N. (2006). Strategic factors that affect technological innovation in SME in manufacturing sector. *CANADIAN JOURNAL OF ADMINISTRATIVE SCIENCES-REVUE CANADIENNE DES SCIENCES DE L ADMINISTRATION*, *23*(4), 275–300.

Beraza Garmendia, J M, Rodriguez Castellanos, A. (2012). Tipología de las spin-offs en un contexto universitario : una propuesta de clasificación. *CUADERNOS DE GESTIÓN*, *12*(1), 39–57.

Bergek, A., & Norrman, C. (2008). Incubator best practice: A framework. *TECHNOVATION*, *28*(1-2), 20–28.

Bigliardi, B., Dormio, A. I., Nosella, A., & Petroni, G. (2006). Assessing science parks' performances: Directions from selected Italian case studies. *TECHNOVATION*, *26*(4), 489–505.

Calantone, R. J., Cavusgil, S. T., & Zhao, Y. (2002). Learning orientation, firm innovation capability, and firm performance. *INDUSTRIAL MARKETING MANAGEMENT*, *31*(6), 515–524.

Casanova, J. (2004). LOS CEEIS: "15 AÑOS APOYANDO LA INNOVACIÓN, CREACIÓN, CRECIMIENTO Y CONSOLIDACIÓN DE EMPRESAS."

Castellacci, F. (2008). Technological paradigms, regimes and trajectories: Manufacturing and service industries in a new taxonomy of sectoral patterns of innovation. *RESEARCH POLICY*, *37*(6-7), 978–994.

Cesaratto, S., & Mangano S. (1993). Technological profiles and economic performance in the italian manufacturing sector. *ECONOMICS OF INNOVATION & NEW TECHNOLOGY*, *2*(3), 237–256.

Chandy, R. K., & Tellis, G. J. (2000). The Incumbent ' s Curse ? Incumbency , Size , and Radical. *JOURNAL OF MARKETING, 64*, 1–17.

Clarysse, B., Wright, M., Lockett, A., Van de Velde, E., & Vohora, A. (2005). Spinning out new ventures: a typology of incubation strategies from European research institutions. *JOURNAL OF BUSINESS VENTURING, 20*(2), 183–216.

Cohen, W., & Levinthal, D. A. (1989). Innovation and Learning - The 2 faces of R&D. *The ECONOMIC JOURNAL, 99*(397), 569–596.

Colombo, M. G., & Delmastro, M. (2002). How effective are technology incubators ? Evidence from Italy. *RESEARCH POLICY, 31*(7), 1103–1122.

Colombo, M. G., & Grilli, L. (2010). On growth drivers of high-tech start-ups : Exploring the role of founders ' human capital and venture capital. *JOURNAL OF BUSINESS VENTURING, 25*(6), 610–626.

Coombs, R., Narandren, P., & Richards, a. (1996). A literature-based innovation output indicator. *RESEARCH POLICY, 25*(3), 403–413.

Cressy, R. (1996). Are Business Startups Debt-Rationed? *ECONOMIC JOURNAL, 106*(438), 1253–1270.

Crick, D., & Jones, M. V. (2000). Small High-Technology Firms and International High-Technology Markets. *JOURNAL OF INTERNATIONAL MARKETING, Vol. 8 Iss*, 63.

Damanpour, F. (1992). Organizational Size and Innovation. *ORGANIZATION STUDIES, 13*(3), 375–402.

Davelaar, E. J., & Nijkamp, P. (1989). Spatial-Dispersion of Technological Innovation - a Case-Study for the Netherlands by Means of Partial Least-Squares. *JOURNAL OF REGIONAL SCIENCE, 29*(3), 325–346.

De Jong, J. P. J., & Marsili, O. (2006). The fruit flies of innovations: A taxonomy of innovative small firms. *RESEARCH POLICY, 35*(2), 213–229.

De Jong, J. P. J., & Vermeulen, P. A. M. (2006). Determinants of product innovation in small firms - A comparison across industries. *INTERNATIONAL SMALL BUSINESS JOURNAL, 24*(6), 587–609.

Dettwiler, P., & Lindelof, P. (2006). Utility of location : A comparative survey between small new technolo- gy-based firms located on and off Science Parks — Implications for facilities management. *TECHNOLOGY ANALYSIS & STRATEGIC MANAGEMENT, 26*, 506–517.

Dodgson, M. (1993). Organizational Learning : A rewiew of some literatures. *ORGANIZATION, 14*(3), 375–394.

Dosi, G., Freeman, C., & Silverberg, G. (1988). *Technical Change and Economic Theory*. (LEM Book Series, Ed.).

Druilhe, C., & Garnsey, E. (2000). Emergence and Growth of High-Tech Activity in Cambridge and Grenoble. *ENTREPRENEURSHIP AND REGIONAL DEVELOPMENT, 12*(2), 163–177.

Druilhe, C., & Garnsey, E. (2004). Do Academic Spin-Outs Differ and Does It Matter? *JOURNAL OF TECHNOLOGY TRANSFER, 29*(3-4), 269–285.

ERDF, E. R. D. F. (2000). *BICs . Services to SMEs in European policy*.

Etzkowitz, H. (2001). Innovation in innovation: the triple helix of university-industry-government relations. *STUDIES OF SCIENCE, 42*(3).

Etzkowitz, H. (2003a). Innovation in Innovation: The Triple Helix of University-Industry-Government Relations . *SOCIAL SCIENCE INFORMATION, 42*(3), 293.

Etzkowitz, H. (2003b). Research groups as “quasi-firms”: the invention of the entrepreneurial university . *RESEARCH POLICY, 32*(1), 109.

Etzkowitz, H., & Leydesdorff, L. (2000). The dynamics of innovation: from National Systems and “Mode 2” to a Triple Helix of university–industry–government relations. *RESEARCH POLICY, 29*(2), 109.

Etzkowitz, H., Webster, A., Gebhardt, C., & Cantisano, B. (2000). The future of the university and the university of the future : evolution of ivory tower to entrepreneurial paradigm. *RESEARCH POLIC, 29*, 313–330.

Etzkowitz, H., & Zhou, C. (2006). Triple Helix twins: innovation and sustainability . *SCIENCE AND PUBLIC POLICY, 33*(1), 77.

Evangelista, R. (2000). Sectoral patterns of technological change in services. *ECONOMICS OF INNOVATION & NEW TECHNOLOGY, 9*(3), 183–222.

Feldman, M. P. (1994). Knowledge Complementarity and Innovation. *SMALL BUSINESS ECONOMICS, 6*(5), 363–372.

Forrest, J. E. (1990). Strategic alliances and the small technology-based firm. *JOURNAL OF SMALL BUSINESS MANAGEMENT, Vol. 28 Is*, 37.

García Jiménez, E., Gil Flores, J., & Rodríguez Gómez, G. (2000). *Análisis factorial*. Madrid: La Muralla.

Gopalakrishnan, S., & Bierly, P. E. (2006). The impact of firm size and age on knowledge strategies during product development: A study of the drug delivery industry. *IEEE TRANSACTIONS ON ENGINEERING MANAGEMENT, 53*(1), 3–16.

Hagedoorn, J. (1996). Innovation and Entrepreneurship: Schumpeter Revisited. *INDUSTRIAL AND CORPORATE CHANGE, 5*(3), 883–896.

Hagedoorn, J., & Cloodt, M. (2003). Measuring innovative performance: is there an advantage in using multiple indicators? *RESEARCH POLICY, 32*(8), 1365–1379.

Hall, B. H., Lotti, F., & Mairesse, J. (2009). Innovation and productivity in SMEs: empirical evidence for Italy. *SMALL BUSINESS ECONOMICS, 33*(1), 13–33.

Hindle, K., & Yencken, J. (2004). Public research commercialisation, entrepreneurship and new technology based firms: an integrated model. *TECHNOVATION, 24*(10), 793–803.

Hollenstein, H. (2003). Innovation modes in the Swiss service sector : a cluster analysis based on fi rm-level data. *RESEARCH POLICY, 32*, 845–863.

Huergo, E., & Jaumandreu, J. (2004). How Does Probability of Innovation Change with Firm Age ? *SMALL BUSINESS ECONOMICS*, *22*(2002), 193–207.

Jiménez-Jiménez, D., & Sanz-Valle, R. (2011). Innovation, organizational learning, and performance. *JOURNAL OF BUSINESS RESEARCH*, *64*(4), 408–417.

Jong, J. P. J. De, & Vermeulen, P. A. M. (2006). Determinants of Product Innovaation in Small Firms. *INTERNATIONAL SMALL BUSINESS JOURNAL*, *24*(6), 587–609.

Karagozoglu, N., & Lindell, M. (1998). Internationalization of small and medium-sized technology-based firms: an exploratory study. *JOURNAL OF SMALL BUSINESS MANAGEMENT*, *Vol. 36 Is*, 44.

Klepper, S. (1996). Entry , Exit , Growth , and Innovation over the Product Life Cycle. *THE AMERICAN ECCONOMIC REVIEW*, *86*(3), 362.

Koberg, C. S., Uhlenbruck, N., & Sarason, Y. (1996). Facilitators of organizational innovation: The role of life-cycle stage. *JOURNAL OF BUSINESS VENTURING*, *11*(2), 133–149.

Koh, F. C. C., Koh, W. T. H., & Tschang, F. T. (2005). An analytical framework for science parks and technology districts with an application to Singapore. *JOURNAL OF BUSINESS VENTURING*, *20*(2), 217–239.

Kwon, S., Choung, J. Y., & Lee, K. B. (2002). *Dynamic capability of NTBF: Case study of Humax in set-top-box industry*. (Q. R. W. Xu X Chen,J., Ed.). Informat & Commun Univ, Dept Management, Taejon 305732, South Korea.: ZHEJIANG UNIV PRESS.

Laamanen, T., & Autio, E. (1996). Dominant dynamic complementarities and technology-motivated acquisitions of new, technology-based firms. *INTERNATIONAL JOURNAL OF TECHNOLOGY MANAGEMENT*, *12*(7-8), 769–786.

Leydesdorff, L. (2000). The triple helix: an evolutionary model of innovations. *RESEARCH POLICY*, *29*, 243.

Leydesdorff, L. (2001). Technology and culture: the dissemination and the potential "lock-in" of new technologies. *THE JOURNAL OF ARTIFICIAL SOCIETIES AND SOCIAL SIMULATION, 4*(3).

Leydesdorff, L. (2006). The Knowledge-Based Economy and the Triple Helix Model. IN *READING THE DYNAMICS OF A KNOWLEDGE ECONOMY* (p. 42). Wilfred Dolfsma & Luc Soete (Eds.),.

Leydesdorff, L., & Etzkowitz, H. (2003). "Can "the public" be considered as a fourth helix in university-industry-government relations? Report of the fourth triple helix conference, 2002. *SCIENCE AND PUBLIC POLICY, 30*(1), 55.

Leydesdorff, L., & Meyer, M. (1984). The Scientometrics of a Triple Helix of University-Industry-Government Relations. *SCIENTOMETRICS*.

Licht, G., & Nerlinger, E. (1998). New technology-based firms in Germany: a survey of the recent evidence. *RESEARCH POLICY, 26*(9), 1005.

Lindelöf, P., & Löfsten, H. (2001). Science parks in Sweden - industrial renewal and development ? *R&D MANAGEMENT, 31*(3), 309–322.

Link, A. N., & Scott, J. . T. (2006). U.S. university research parks. *JOURNAL OF PRODUCTIVITY ANALYSIS, 25*(12), 43–55.

Livieratos, A. (2008). *Designing a Strategy Formulation Process for New, Technology-Based Firms: A Knowledge-Based Approach*. (K. OSullivan, Ed.). [Livieratos, Antonios] Univ Paris 11, Paris, France.: ACADEMIC CONFERENCES LTD.

Löfsten, H., & Lindelöf, P. (2002). Science Parks and the growth of new technology-based firms—academic-industry links, innovation and markets. *RESEARCH POLICY, 31*(6), 859–876.

Love, J. H., & Ashcroft, B. (1999). Market Versus Corporate Structure in Plant-Level Innovation Performance. *SMALL BUSINESS ECONOMICS, 13*, 97–109.

Lundvall, B. A. (1988). *"Innovation as an interactive process: from user-producer interaction to the national system of innovation"* . London: Technical Change and Economic Theory. Pinter.

Lundvall, B. A. (1992). *NATIONAL SYSTEMS OF INNOVATION* . London: Pinter.

MacLane, S. (1996). Should universities imitate industry? *AMERICAN SCIENTIST, 84*(6), 520.

Malerba, F., & Orsenigo, L. (1996). Schumpeterian patterns of innovation are technology-specific. *RESEARCH POLICY, 25*(3), 451–478.

Maria Ruiz-Jimenez, J., & del Mar Fuentes-Fuentes, M. (2013). Knowledge combination, innovation, organizational performance in technology firms. *INDUSTRIAL MANAGEMENT & DATA SYSTEMS, 113*(4), 523–540. doi:10.1108/02635571311322775

Massey, D., & Wield, D. (1992). Science Parks: a concept in science, society, and "space." *ENVIRONMENT AND PLANNING, 10*, 411.

McDermott, C., & Colarelli G. (2002). Managing radical innovation: an overview of emergent strategy issues. *THE JOURNAL OF PRODUCT INNOVATION MANAGEMENT, 19*, 424–438.

Monck, C. S. P. (1988). *Science parks and the growth of high technology firms*. With P. Wynarczyk London and Sydney: Croom Helm in association with Peat Marwick McLintock; distributed by Methuen, New York.

Mowery DC Sampat BN, Ziedonis AA, N. R. R. (2001). THE GROWTH OF PATENTING AND LICENSING BY US UNIVERSITIES: AN ASSESSMENT OF THE EFFECTS OF THE BAYH-DOLE ACT OF 1980. *RESEARCH POLICY, 30*(1), 99.

Mustar, P., Renault, M., Colombo, M. G., Piva, E., Fontes, M., Lockett, A., ... Moraye, N. (2006). Conceptualising the Heterogeneity of Research-Based Spin-Offs: A Multi-dimensional Taxonomy. *RESEARCH POLICY, 35*(2), 289–308.

Nelson. (1993). *NATIONAL INNOVATION SYSTEMS: A COMPARATIVE STUDY*. New York: Oxford Univ. Press.

Nelson, R. R., & Winter, S. G. (1982). The Schumpeterian Tradeoff Revisited. *AMERICAN ECONOMIC REVIEW, 72*(1), 114–132.

O'Regan, N., & Sims, M. a. (2008). Identifying high technology small firms: A sectoral analysis. *TECHNOVATION, 28*(7), 408–423.

Oakey, R. P. (2003). Technical entreprenenurship in high technology small firms: some observations on the implications for management. *TECHNOVATION, 23*(8), 679.

Oakey, R. R. (1999). United Kingdom High-Technology Small Firms in Theory and Practice: A Review of Recent Trends. *INTERNATIONAL SMALL BUSINESS JOURNAL, 17*(2), 48–64.

OCDE Science, T. and I. S. (2009). Clasificación de las industrias manufactureras por intensidad tecnológica. *OECD SCIENCE, TECHNOLOGY ANS INDUSTRY SCOREBOARD 2009*. Paris

Oke, A., Burke, G., & Myers, A. (2007). Innovation types and performance in growing UK SMEs. *INTERNATIONAL JOURNAL OF OPERATIONS & PRODUCTION MANAGEMENT, 27*(7), 735–753.

Panne, G. Van Der. (2007). Issues in measuring innovation. *SCIENCE AND PUBLIC POLICY, 71*(3), 495–507. doi:10.1007/s11192-007-1691-2

Parhankangas, A., & Arenius, P. (2003). From a corporate venture to an independent company: a base for a taxonomy for corporate spin-off firms. *RESEARCH POLICY, 32*(3), 463–481.

Parisi, M. L., Schiantarelli, F., & Sembenelli, A. (2006). Productivity, innovation and R&D: Micro evidence for Italy. *EUROPEAN ECONOMIC REVIEW, 50*(8), 2037–2061.

Pavitt, K. (1984). Sectoral patterns of technical change: Towards a taxonomy and a theory. *SCIENCE POLICY RESEARCH, 13*, 343–373.

Peneder, M. (2010). Technological regimes and the variety of innovation behaviour: Creating integrated taxonomies of firms and sectors. *RESEARCH POLICY, 39*(3), 323–334.

Penrose, E., & Best, M. H. (1999). Edith penrose, 1914 ± 1996. *THE ECONOMIC JOURNAL, 109*, 187–201.

Phan, P. H., Siegel, D. S., & Wright, M. (2005). Science parks and incubators: observations, synthesis and future research. *SPECIAL ISSUE ON SCIENCE PARKS AND INCUBATORS, 20*(2), 165–182.

Phillimore, J. (1999). Beyond the linear view of innovation in science park evaluation - An analysis of Western Australian Technology Park. *TECHNOVATION, 19*(11), 673–680.

Quintas, P., Wield, D., & Massey, D. (1992). Academic-industry links and innovation: questioning the science park model. *TECHNOVATION, 12*(3).

Ramanujam, V., & Mensch, G. O. (1985). Improving the Strategy-Innovation Link. *JOURNAL OF PRODUCT INNOVATION MANAGEMENT, 2*(4), 213–223.

Reynolds, P., Storey, D. J., Westhead, P., David, J., & Comparisons, P. C. (1994). Cross-national Comparisons of the Variation in New Firm Formation Rates. *REGIONAL STUDIES, 28*(4), 443–456.

Rickne, A., & Jacobsson, S. (1999). New technology-based firms in sweden--a study of their direct impact on industrial renewal. *ECONOMICS OF INNOVATION & NEW TECHNOLOGY, 8*(3), 197.

Rogers, E. M., & M., S. (1999). Spin-offs from research centers at a research university. *JOURNAL OF BUSINESS VENTURING, 15*(1), 93.

Rogers, M. (2004). Networks, Firm Size and Innovation. *SMALL BUSINESS ECONOMICs, 22*(2), 141–153.

Romijn, H., & Albaladejo, M. (2002). Determinants of innovation capability in small electronics and software firms in southeast England. *RESEARCH POLICY, 31*(7), 1053–1067.

Rosenbusch, N., Brinckmann, J., & Bausch, A. (2011). Is innovation always beneficial ? A meta-analysis of the relationship between innovation and performance in SMEs. *JOURNAL OF BUSINESS VENTURING, 26*(4), 441–457.

Rothwell, R. (1983). Innovation and Firm Size - a Case for Dynamic Complementarity - Or, is Small really so Beautiful. *JOURNAL OF GENERAL MANAGEMENT, 8*(3), 5–25.

Rubiralta, M. (2004). El Parc Científic de Barcelona (PCB). Un nuevo modelo de transferencia tecnológica. In F. CYD (Ed.), *Informe CYD 2004: La contribución de las universidades españolas al desarrollo* (pp. 296–299). Madrid: Fundación CYD.

Sabato, J., & Mackenzi, M. (1982). *"La producción de tecnología. Autónoma o transnacional."* México: Nueva Imagén.

Santoro, M. D., & Chakrabarti, A. K. (2002). Firm size and technology centrality in industry – university interactions. *RESEARCH POLICY, 31*, 1163–1180.

Schumpeter, J. A. (1934). *The Theory of Economic Development*. Harvard University Press.

Schumpeter, J. A. (1935). Análisis del Cambio Económico-Schumpeter. *THE REVIEW OF ECONOMICS STATISTICS*, *XVII*(4), 2–10.

Schumpeter, J. A. (1942). *Capitalismo, Socialismo e Democracia*. (Editora Fondo de cultura, Ed.) (Rio de Jan.). OrdemLivre org.

Schumpeter, J. A. (1949). Economic theory and entrepreneurial history. In *Change and the entrepreneur: Postulates and Patterns for entrepreneurial history*. Cambridge: Harvard University Press.

Seidl, P. R. ., & W., P. e L. (1999). Comments on the application of the Triple Helix of innovation to developing countries. *SCIENCE AND PUBLIC POLICY*, *26*(2), 137.

Shane, S., & Venkataraman, S. (2000). The promise of entrepreneurship as a field of research. *ACADEMY OF MANAGEMENT REVIEW*, *25*(1), 217–226.

Siegel, D. S., Westhead, P., & Wright, M. (2003). Science Parks and the Performance of New Technology-Based Firms : A Review of Recent U . K . Evidence and an Agenda for Future Research . *SMALL BUSINESS ECONOMICS*, *20*, 177–184.

Sorensen, J. B., & Stuart, T. E. (2000). Aging, Obsolescence, and Organizational Innovation. *ADMINISTRATIVE SCIENCE QUARTERLY*, *45*(1), 81.

Sørensen, J. B., & Stuart, T. E. (2000). Aging, Obsolency and Organizational innovation. *ADMINISTRATIVE SCIENCE QUARTERLY*, *45*(1), 81–112.

Steffensen, M., Rogers, E. M., & Speakman, K. (2000). Spin-offs from research centers at science parks. *JOURNAL OF BUSINESS VENTURING*, *15*(1), 93–111.

Storey, D. J., & Tether, B. S. (1998). New technology-based firms in the European union: an introduction. *RESEARCH POLICY*, *26*(9), 933–946.

Su, Z., Xie, E., Liu, H., & Sun, W. (2013). Profiting from product innovation: The impact of legal, marketing, and technological capabilities in different environmental conditions. *MARKETING LETTERS*, *24*(3), 261–276.

Teece, D. (2008). Dosi's technological paradigms and trajectories: Insights for economics and management. *INDUSTRIAL AND CORPORATE CHANGE*, *17*(3), 507–512.

Teece, D. J., Pisano, G., & Shuen, A. (1997). Dynamic capabilities and strategic management. *STRATEGIC MANAGEMENT JOURNAL*, *18*(7), 509–533.

Tether, B. S., & Storey, D. J. (1998). Smaller firms and Europe ' s high technology sectors : a framework for analysis and some statistical evidence. *RESEARCH POLICY*, *26*, 947–971.

Vaona A, & Pianta, M. (2008). Firm size and innovation in European manufacturing. *SMALL BUSINESS ECONOMICS*, *30*, 283.

Vaona, A., & Pianta, M. (2008). Firm size and innovation in European manufacturing. *SMALL BUSINESS ECONOMICS*, *30*(3), 283–299.

Verdovello C. (1997). Science parks and university-industry interaction: geographical proximity between the agentes as a driving force. *TECHNOVATION*, *17*(9), 491–502.

Wang, X., & Wang, S. (2007). Design of high-tech enterprise value evaluating measure system grounded on value based management. In *Proceedings of 2007 International Conference on Management Science & Engineering (14th) Vols 1-3* (pp. 2071–2077). HARBIN INST TECHNOLOGY.

Westhead, P. (1997b). R&D "inputs" and "outputs" of technology-based firms located on and off Science Parks. *R AND D MANAGEMENT*, *27*(1), 45–62.

Westhead, P., & Batstone, S. (1996). *Technology-based firms located on science parks: The applicability of bullocks "Soft-Hard" model*. Warwick Business School.

Westhead, P., & Storey, D. J. (1995). Links between Higher-Education Institutions and High-Technology Firms. *OMEGA-INTERNATIONAL JOURNAL OF MANAGEMENT SCIENCE*, *23*(4), 345–360.

Westhead, P. & Storey, D. (1995). Links betweeen higher education insitutions and high technology firms. *OMEGA-INTERNATIONAL JOURNAL OF MANAGEMENT SCIENCE*, *23*(4), 345–360.

Wolff, J. a, & Pett, T. L. (2006). Small-Firm Performance - Modeling the Role of Product and Process Improvements. *JOURNAL OF SMALL BUSINESS MANAGEMENT*, *44*(6), 268–284.

Wright, M., Clarysse, B., Mustar, P., & Lockett, A. (2007). *Academic Entrepreneurship in Europe*. Cheltenham, U.K. and Northampton, Mass.: Elgar.

Zahra, S. A. (1996). Technology strategy and new venture performance : a study of c orpora te-spo n so red and independent biotechnology ventures. *JOURNAL OF BUSINESS VENTURING*, *11*(95), 289–321.

FSC
www.fsc.org
MIX
Papier | Fördert gute Waldnutzung
FSC® C083411

Kolibri 360 GmbH
Ferdinand-Jühlke-Straße 7
99095 Erfurt, Deutschland
produktsicherheit@kolibri360.de

Druck:
CPI Druckdienstleistungen GmbH
im Auftrag der
Kolibri 360 GmbH
Ferdinand-Jühlke-Str. 7
99095 Erfurt